AF275252

Disfrute gratuitamente **DURANTE UN AÑO** de los eBook y audiolibros de las obras de Editorial Colex*

⊘ Acceda a la página web de la editorial **www.colex.es**

⊘ Identifíquese con su usuario y contraseña. En caso de no disponer de una cuenta regístrese.

⊘ Acceda en el menú de usuario a la pestaña «Mis códigos» e introduzca el que aparece a continuación:

RASCAR PARA VISUALIZAR EL CÓDIGO

Defensa del honor: aspectos civiles y penales

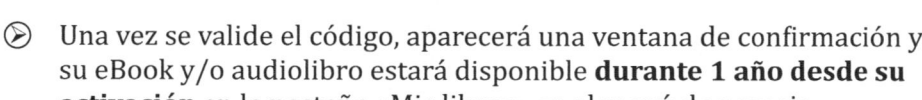

⊘ Una vez se valide el código, aparecerá una ventana de confirmación y su eBook y/o audiolibro estará disponible **durante 1 año desde su activación** en la pestaña «Mis libros» en el menú de usuario.

---

* Los audiolibros están disponibles en las ediciones más recientes de nuestras obras. Se excluyen expresamente las colecciones «Códigos comentados», «Biblioteca digital» y los productos de www.vademecumlegal.es.

No se admitirá la devolución si el código promocional ha sido manipulado y/o utilizado.

¡Gracias por confiar en nosotros!

La obra que acaba de adquirir incluye de forma gratuita la versión electrónica. Acceda a nuestra página web para aprovechar todas las funcionalidades de las que dispone en nuestro lector.

Funcionalidades eBook

Acceso desde cualquier dispositivo con conexión a internet

Idéntica visualización a la edición de papel

Navegación intuitiva

Tamaño del texto adaptable

Síguenos en:

DEFENSA DEL HONOR: ASPECTOS CIVILES Y PENALES

DEFENSA DEL HONOR: ASPECTOS CIVILES Y PENALES

2.ª EDICIÓN 2024

Obra realizada por el Departamento de Documentación de Iberley

Coordinador

Carlos David Delgado Sancho

COLEX 2024

© Editorial Colex, S.L.
Calle Costa Rica, número 5, 3.º B (local comercial)
A Coruña, 15004, A Coruña (Galicia)
info@colex.es
www.colex.es

I.S.B.N.: 978-84-1194-756-5
Depósito legal: C 1763-2024

SUMARIO

0.
INTRODUCCIÓN

El derecho al honor, a la intimidad personal y a la propia imagen se encuentra regulado en el artículo 18 de la Constitución española cuando estipula en su apartado primero que «se garantiza el derecho al honor, a la intimidad personal y familiar y a la propia imagen».

Al tratarse de un derecho fundamental, su desarrollo se realiza mediante la Ley Orgánica 1/1982, de 5 de mayo, de protección civil del derecho al honor, a la intimidad familiar y a la propia imagen. En su artículo primero se establece lo siguiente:

> «Uno. El derecho fundamental al honor, a la intimidad personal y familiar y a la propia imagen, garantizado en el artículo dieciocho de la Constitución, será protegido civilmente frente a todo género de intromisiones ilegítimas, de acuerdo con lo establecido en la presente Ley Orgánica.
> Dos. El carácter delictivo de la intromisión no impedirá el recurso al procedimiento de tutela judicial previsto en el artículo 9.º de esta Ley. En cualquier caso, serán aplicables los criterios de esta Ley para la determinación de la responsabilidad civil derivada de delito.
> Tres. El derecho al honor, a la intimidad personal y familiar y a la propia imagen es irrenunciable, inalienable e imprescriptible. La renuncia a la protección prevista en esta ley será nula, sin perjuicio de los supuestos de autorización o consentimiento a que se refiere el artículo segundo de esta ley».

La Audiencia Provincial de Granada en la sentencia n.º 283/2019, de 18 de octubre, ECLI:ES:APGR:2019:2253, ha sido clara cuando señala: «es doctrina jurisprudencial de nuestro Tribunal Constitucional que el derecho al honor, es un concepto jurídico que aunque constituye una manifestación directa de la dignidad constitucional de las personas, depende en su concreción de las normas, valores e ideas sociales vigentes en cada momento. Este derecho ampara a la persona frente a expresiones o mensajes que la hagan desmerecer en la consideración ajena al ir en su descrédito o menosprecio o fueran tenidas en concepto público por afrentosas. Sin embargo, el citado derecho no es absoluto, sino que se encuentra limitado por los derechos fundamentales a opinar e informar libremente, de tal manera que no ha de descartarse la posibilidad, en atención a las circunstancias del caso, de que haya de soportar restricciones».

Es decir, la protección otorgada por esta ley a los citados derechos no puede considerarse absolutamente ilimitada y así lo establece el propio apartado 2 del artículo segundo de la LO 1/1982, regulador del ámbito de protección de los derechos regulados en esta. Así pues, por un lado, determinadas circunstancias del interés público pueden derivar en que, por ley, sean autorizadas de forma expresa determinadas entradas en el ámbito de la intimidad, que no podrán ser reputadas como intromisiones ilegítimas. De otro lado, tampoco se apreciará existencia de intromisión ilegítima en el ámbito de protección de esta norma cuando el titular del derecho hubiere otorgado al efecto su consentimiento expreso conforme desgranamos en el apartado siguiente.

A lo largo de esta guía se desarrollarán los aspectos relativos al consentimiento, a la protección del honor de la persona fallecida, a las distintas excepciones que hay en cuanto a las intromisiones ilegítimas. Asimismo, se llevará a cabo un análisis de la Ley Orgánica 2/1984, de 26 de marzo, del ejercicio del derecho de rectificación. El artículo primero de esta ley regula dicho derecho al establecer que «Toda persona, natural o jurídica tiene derecho a rectificar la información difundida, por cualquier medio de comunicación social, de hechos que le aludan, que considere inexactos y cuya divulgación pueda causarle perjuicios».

En cuanto a la legitimación para ejercitar el derecho de rectificación, el artículo 2 de la citada ley establece que se encuentran legitimados para ejercitar el derecho de rectificación:

- El perjudicado aludido.

- El representante del perjudicado.

- Los herederos o representantes de estos si el perjudicado hubiera fallecido

Según la jurisprudencia del Tribunal Supremo, concretamente la sentencia n.º 80/2017, de 14 de febrero de 2018:

«(...) el derecho fundamental de rectificación se encuentra directamente relacionado con la tutela del honor y, especialmente, con la tutela de la libertad de información; que su objeto son los hechos (no las opiniones) que, afectando al demandante, este considere inexactos y cuya divulgación pueda causarle un perjuicio; que la función de control jurídico del derecho de rectificación por parte del órgano judicial permite, superando la tesis del "todo o la nada", que se pueda acordar la publicación parcial del escrito de rectificación, excluyendo las opiniones o juicios de valor, es decir, aquella parte que no se limite a los hechos; que por ser habitual que opiniones e informaciones se mezclen, no cabe dificultar la tarea de control jurídico del órgano judicial exigiéndole una especie de censura en extremo minuciosa, por lo que será el resultado del juicio de ponderación lo que determine la procedencia o no de reducir el escrito de rectificación (sentencia 376/2017); y finalmente, en línea con lo anterior, que del mismo modo que no puede exigirse a quien rectifica una precisión mucho más rigurosa que al informador, tampoco cabe reprochar a quien rectifica una precisión en los hechos que rebata los datos precisos en que se apoye la información, lo que entraña que en la rectificación se puedan comprender no solo los hechos objeto de información sino también aquellos otros que, por su estrecha relación con los que fueran objeto de la información, contribuyan a reforzar su negación (precisión contenida en la sentencia 570/2017)».

A lo largo de esta obra se analizará también la doctrina del Tribunal Constitucional en relación al conflicto entre el derecho al honor y la libertad de expresión, haciendo hincapié en la evolución doctrinal, y explicando las diferentes fases evolutivas del conflicto, analizando los criterios de prevalencia y en el concepto de reportaje neutral, el cual se constituye como una doctrina jurídica que ha creado el tribunal de garantías y que se asienta sobre la base de la doctrina jurisprudencial norteamericana del neutral reportaje doctrine, utilizado como un criterio de ponderación en caso de conflicto entre el derecho al honor y el derecho a la libertad de información.

De igual manera, el lector podrá encontrar un amplio estudio de las características generales de los delitos contra el honor, poniendo el foco en el bien jurídico protegido y en la distinción del delito de calumnias y el delito de injurias. Además, observará un examen pormenorizado del proceso penal por sendos delitos, que abarcará, entre otros, la naturaleza jurídica de dichos delitos, las especialidades de la instrucción, las medidas cautelares o lo relativo al juicio oral.

Todas estas cuestiones, y muchas más, se encuentran recogidas en esta guía paso a paso en la que el lector podrá ahondar en todo lo concerniente a la defensa del derecho al honor, junto con una amplia selección de formularios y casos prácticos actualizados a las últimas reformas legislativas.

1.
LEY ORGÁNICA 1/1982 DE PROTECCIÓN CIVIL DEL DERECHO AL HONOR, A LA INTIMIDAD PERSONAL Y FAMILIAR Y A LA PROPIA IMAGEN

El derecho al honor, a la intimidad personal y a la propia imagen se encuentra explícitamente recogido en el artículo 18 de la Constitución española, contando pues, con **rango de derecho fundamental**:

«1. Se garantiza el derecho al honor, a la intimidad personal y familiar y a la propia imagen.

2. El domicilio es inviolable. Ninguna entrada o registro podrá hacerse en él sin consentimiento del titular o resolución judicial, salvo en caso de flagrante delito.

3. Se garantiza el secreto de las comunicaciones y, en especial, de las postales, telegráficas y telefónicas, salvo resolución judicial.

4. La ley limitará el uso de la informática para garantizar el honor y la intimidad personal y familiar de los ciudadanos y el pleno ejercicio de sus derechos».

Así pues, debido a su carácter de derecho fundamental y, a tenor del artículo 81 de la Constitución española, el desarrollo del contenido del mismo se realiza a través de la Ley Orgánica 1/1982, de 5 de mayo, de protección civil del derecho al honor, a la intimidad familiar y a la propia imagen.

> **A TENER EN CUENTA.** El apartado 1 del artículo 18 de la CE garantiza el derecho al honor, a la intimidad personal y familiar y a la propia imagen. Ahora bien, es importante tener en cuenta que, tal y como advierte la Sala de nuestro Tribunal Constitucional en, entre otras, **la STC n.º 19/2014, de 10 de febrero, ECLI:ES:2014:19, y la STC n.º 18/2015, de 16 de febrero, ECLI:ES:TC:2015:18,** todos estos derechos, si bien es cierto que mantienen una estrecha relación, en tanto se inscriben en el ámbito propio de la personalidad, cada uno de ellos tiene un contenido propio y específico, encontrándonos ante **derechos autónomos,** de modo que, al tener cada uno de ellos su propia sustantividad, **la apreciación**

de la vulneración de uno no conlleva necesariamente la vulneración de los demás. El carácter autónomo de los derechos del artículo 18.1 de la CE supone que ninguno de ellos tiene, respecto de los demás, la consideración de derecho genérico que pueda subsumirse en los otros dos derechos fundamentales que prevé el precepto constitucional, pues la especificidad de cada uno de estos derechos impide considerar subsumido en alguno de ellos las vulneraciones de los otros derechos.

1.1. Ámbito de protección de la norma

Para llevar a cabo el desarrollo del derecho al honor, a la intimidad y a la propia imagen, como se ha expuesto en el punto anterior, se aprobó la Ley Orgánica 1/1982, de 5 de mayo, de protección civil al derecho al honor, a la intimidad personal y familiar y a la propia imagen. Así, su ejercicio debe confluir con los del artículo 20 de la Constitución, es decir, el derecho a expresar y difundir libremente pensamientos, ideas y opiniones, que encontrará su limitación en el respeto al primero.

El artículo primero de la citada LO 1/1982, de 5 de mayo, establece la misma protección civil de los derechos fundamentales al honor, a la intimidad personal y familiar y a la propia imagen, frente a todo género de intromisiones ilegítimas. Así pues, el precepto establece lo siguiente:

«Uno. El derecho fundamental al honor, a la intimidad personal y familiar y a la propia imagen, garantizado en el artículo dieciocho de la Constitución, será protegido civilmente frente a todo género de intromisiones ilegítimas, de acuerdo con lo establecido en la presente Ley Orgánica.

Dos. El carácter delictivo de la intromisión no impedirá el recurso al procedimiento de tutela judicial previsto en el artículo 9.° de esta Ley. En cualquier caso, serán aplicables los criterios de esta Ley para la determinación de la responsabilidad civil derivada de delito.

Tres. El derecho al honor, a la intimidad personal y familiar y a la propia imagen es irrenunciable, inalienable e imprescriptible. La renuncia a la protección prevista en esta ley será nula, sin perjuicio de los supuestos de autorización o consentimiento a que se refiere el artículo segundo de esta ley».

Hay que incidir en que el apartado 3 de este precepto señala que el derecho al honor, a la intimidad personal y familiar a la propia imagen, en cuanto derecho fundamental, es **irrenunciable, inalienable e imprescriptible**. La renuncia a esta protección será nula, sin perjuicio de los supuestos de autorización o consentimiento del titular. Ello es así porque los derechos comprendidos dentro del ámbito de protección de la norma objeto de estudio han sido encuadrados doctrinalmente entre los **derechos de la personalidad**.

Sin embargo, tal y como refiere el preámbulo de la Ley Orgánica 1/1982, de 5 de mayo, algunos de esos derechos gozan de una protección penal:

«Establece el artículo primero de la misma la protección civil de los derechos fundamentales al honor, a la intimidad personal y familiar y a la propia imagen frente a todos género de injerencia o intromisiones ilegítimas. Pero no puede ignorar que algunos de esos derechos gozan o previsiblemente gozarán de una protección penal. Así ocurre con el derecho al honor, amparado por las prescripciones contenidas en el libro II, título X, del vigente Código Penal, y con determinados aspectos del derecho a la intimidad personal y familiar que son objeto de una protección de esa naturaleza en el proyecto de nuevo Código Penal recientemente aprobado por el Consejo de Ministros.

Por ello en los casos que exista la protección penal tendrá ésta preferente aplicación, por ser sin duda la de más fuerte efectividad, si bien la responsabilidad civil derivada del delito se deberá fijar de acuerdo con los criterios que esta ley establece».

La protección civil del honor, de la intimidad y de la propia imagen quedará delimitada por las leyes y por los usos sociales atendiendo al ámbito que, por sus propios actos, mantenga cada persona reservado para sí misma o su familia.

En este sentido, la **sentencia del Tribunal Constitucional n.º 223/1992, de 14 de diciembre, ECLI:ES:TC:1992:223**, presencia lo siguiente:

«El choque frontal de dos derechos fundamentales, el que tiene como contenido la libertad de informar y aquél otro que protege el honor, desde cuya perspectiva unilateral, ahora, en una segunda fase del análisis conviene a nuestro propósito averiguar cuál sea su ámbito. En una primera aproximación no parece ocioso dejar constancia de que en nuestro ordenamiento no puede encontrarse una definición de tal concepto, que resulta así jurídicamente indeterminado. Hay que buscarla en el lenguaje de todos, en el cual suele el pueblo hablar a su vecino y el Diccionario de la Real Academia (edición 1992) nos lleva del honor a la buena reputación (concepto utilizado por el Tratado de Roma), la cual -como la fama y aun la honra- consisten en la opinión que las gentes tienen de una persona, buena o positiva si no van acompañadas de adjetivo alguno. Así como este anverso de la noción se da por sabido en las normas, éstas en cambio intentan aprehender el reverso, el deshonor, la deshonra o la difamación, lo infamante. El denominador común de todos los ataques o intromisiones legítimas en el ámbito de protección de este derecho es el desmerecimiento en la consideración ajena (art. 7, 7 L.O. 1/1982) como consecuencia de expresiones proferidas en descrédito o menosprecio de alguien o que fueren tenidas en el concepto público por afrentosas».

Como sigue expresando la referida sentencia, «todo ello nos sitúa en el terreno de los demás, que no son sino la gente, cuya opinión colectiva marca en cualquier lugar y tiempo el nivel de tolerancia o de rechazo. El contenido del derecho al honor es lábil y fluido, cambiante y en definitiva, como hemos dicho en alguna otra ocasión, 'dependiente de las normas, valores e ideas sociales vigentes en cada momento».

Consentimiento

La **Audiencia Provincial de Granada en la sentencia n.º 283/2019, de 18 de octubre, ECLI:ES:APGR:2019:2253,** ha sido clara al señalar que: «es doctrina jurisprudencial de nuestro Tribunal Constitucional que el derecho al honor, es un concepto jurídico que aunque constituye una manifestación directa de la dignidad constitucional de las personas, depende en su concreción de las normas, valores e ideas sociales vigentes en cada momento. Este derecho ampara a la persona frente a expresiones o mensajes que la hagan desmerecer en la consideración ajena al ir en su descrédito o menosprecio o fueran tenidas en concepto público por afrentosas. Sin embargo, **el citado derecho no es absoluto, sino que se encuentra limitado por los derechos fundamentales a opinar e informar libremente,** de tal manera que no ha de descartarse la posibilidad, en atención a las circunstancias del caso, de que haya de soportar restricciones».

Es decir, la protección otorgada por esta ley a los citados derechos no puede considerarse absolutamente ilimitada y así lo establece el propio apartado 2 del artículo segundo de la LO 1/1982, regulador del ámbito de protección de los derechos regulados en esta. Así pues, por un lado, determinadas circunstancias del interés público pueden derivar en que, por ley, sean autorizadas de forma expresa determinadas entradas en el ámbito de la intimidad, que no podrán ser reputadas como intromisiones ilegítimas. De otro lado, tampoco se apreciará existencia de intromisión ilegítima en el ámbito de protección de esta norma cuando el titular del derecho hubiere otorgado al efecto su consentimiento expreso conforme desgranamos en el apartado siguiente.

CUESTIONES

1. Para que el derecho al honor goce de esta protección constitucional ante ataques contra el mismo, ¿deben dirigirse hacia una persona concreta e identificada?

No, y así lo establece el **Tribunal Constitucional en la sentencia n.º 214/1991, de 11 de noviembre, ECLI:ES:TC:1991:214,** al establecer que «el significado personalista que el derecho al honor tiene en la Constitución no impone que los ataques o lesiones al citado derecho fundamental, para que tengan protección constitucional, hayan de estar necesariamente perfecta y debidamente individualizados ad personam, pues, de ser así, ello supondría tanto como excluir radicalmente la protección del honor de la totalidad de las personas jurídicas, incluidas las de substrato personalista, y admitir, en todos los supuestos, la legitimidad constitucional de los ataques o intromisiones en el honor de personas, individualmente consideradas, por el mero hecho de que los mismos se realicen de forma innominada, genérica o imprecisa».

Así pues, gozarán del ámbito de protección de la Ley Orgánica 1/1982, de 5 de mayo, los ataques dirigidos a un determinado colectivo de personas más o menos amplio que trasciendan a sus miembros o componentes, siempre y cuando sean identificables como individuos dentro de la colectividad.

2. Habida cuenta del matiz personalista de los derechos fundamentales objeto de protección de la norma, ¿podemos entender que las personas jurídicas no son titulares del derecho al honor?

Las personas jurídicas de derecho privado sí son titulares del derecho al honor reconocido por el artículo 18.1 de la CE. Se pronuncia nuestro alto tribunal a este respecto en, entre otras, la STS n.º 408/2016, de 15 de junio, ECLI:ES:TS:2016:2775, que, con expresa mención a otras dictadas por la sala como, entre otras, la STS n.º 594/2015, de 11 de noviembre, ECLI:ES:TS:2015:4542, recoge lo siguiente:

> *«No es obstáculo a que se reconozca que está en juego el derecho fundamental al honor el hecho de que quien pretende su protección sea una persona jurídica, concretamente una compañía mercantil. Debe recordarse que, según la jurisprudencia constitucional, el reconocimiento de derechos fundamentales de titularidad de las personas jurídicas necesita ser delimitado y concretado a la vista de cada derecho fundamental en atención a los fines de la persona jurídica, a la naturaleza del derecho considerado y a su ejercicio por aquélla (SSTC 223/1992 y 76/1995). Aunque el honor es un valor que debe referirse a las personas físicas individualmente consideradas, el derecho a la propia estimación o al buen nombre o reputación en que consiste no es patrimonio exclusivo de las mismas (STC 214/1991, de 11 de noviembre). A través de los fines para los que cada persona jurídica privada ha sido creada, puede establecerse un ámbito de protección de su propia identidad y en dos sentidos: tanto para proteger su identidad cuando desarrolla sus fines, como para proteger las condiciones de ejercicio de su identidad, bajo las que recaería el derecho al honor. La persona jurídica puede así ver lesionado su derecho al honor mediante la divulgación de hechos concernientes a su entidad, cuando la difame o la haga desmerecer en la consideración ajena. En este caso, la persona jurídica afectada, aunque se trate de una entidad mercantil, no viene obligada a probar la existencia de daño patrimonial en sus intereses, sino que basta constatar que existe una intromisión en el honor de la entidad y que ésta no sea legítima (STC 193/1995, de 16 de septiembre)».*

La citada doctrina no sólo es aplicable a las sociedades mercantiles, sino también a las sociedades en general:

- Partidos políticos (STC n.º 79/2014, de 28 de mayo, ECLI:ES:TC:2014:79, y STS n.º 654/2014, de 20 de noviembre, ECLI:ES:TS:2014:4621).
- Sindicatos (STS n.º550/2014, de 21 de octubre, ECLI:ES:TS:2014:4415).
- Fundaciones (STS 419/2012, de 4 de julio, ECLI:ES:TS:2012:4667).
- Sociedades mercantiles públicas, entre ellas las municipales (STS n.º 369/2009, de 21 de mayo, ECLI:ES:TS:2009:3294).

Sin embargo, en lo que se refiere a las **personas jurídicas de derecho público,** estas carecen de dicha titularidad. La anteriormente referida STS n.º 408/2016, de 15 de junio, ECLI:ES:TS:2016:2775, fijando doctrina de modo expreso, manifiesta que «en suma: el Estado y en general las personas jurídicas de Derecho público no tienen, como regla, derechos fundamentales, sino competencias». Así pues, estas podrán reclamar, con fundamento en el artículo 1902 del Código Civil, indemnización de los perjuicios que les causen los atentados a su prestigio institucional o autoridad moral pero no gozan del ámbito de protección de la Ley Orgánica 1/1982, de 5 de mayo, y tampoco le serán aplicables los trámites correspondientes a procesos civiles de las normas de los artículos 249.1.2.º y 477.2.1.º de la LEC.

Por su parte, en la **sentencia del Tribunal Supremo n.º 241/2012, de 17 de diciembre, ECLI:ES:TS:TC:2012:241,** se establece que **el derecho a la intimidad personal y familiar** confiere a la persona el poder jurídico de imponer a terceros el deber de abstenerse de toda intromisión en la esfera íntima y la prohibición de hacer uso de lo así conocido. Así pues, lo que garantiza el artículo 18.1 de la CE es el secreto sobre nuestra esfera de vida personal, excluyendo que sean los terceros, particulares o poderes públicos, los que delimiten los contornos de nuestra vida privada. En cuanto a la delimitación de ese ámbito reservado, hemos precisado que la esfera de la intimidad personal está en relación con la acotación que de la misma realice su titular, habiendo reiterado el TC que cada persona puede reservarse un espacio resguardado de la curiosidad ajena. En consecuencia, corresponde a cada persona acotar el ámbito de intimidad personal y familiar que reserva al conocimiento ajeno.

Asimismo, este derecho se extiende no sólo a aspectos de la vida propia y personal, sino también a determinados aspectos de la vida de otras personas con las que se guarde una especial y estrecha vinculación, como es la familiar; aspectos que, por la relación o vínculo existente con ellas, inciden en la propia esfera de la personalidad del individuo que los derechos del artículo 18 de la CE protegen. Por ello, tal y como se pone de manifiesto en la **sentencia del Tribunal Constitucional n.º 190/2013, de 28 de noviembre, ECLI:ECLI:ES:TC:2013:190**, será necesario, en cada caso, examinar de qué acontecimientos se trata, y cuál es el vínculo que une a las personas en cuestión; pero al menos, no cabe duda que ciertos eventos que puedan ocurrir a padres, cónyuges o hijos tienen, normalmente, y dentro de las pautas culturales de nuestra sociedad, tal trascendencia para el individuo, que su indebida publicidad o difusión incide directamente en la propia esfera de su personalidad. Por lo que existe al respecto un derecho —propio, y no ajeno— a la intimidad, constitucionalmente protegible.

En cuanto al contenido del **derecho a la propia imagen, el Tribunal Constitucional en la sentencia n.º 176/2013, de 21 de octubre, ECLI:ES:TC:2013:176**, ha tenido ocasión de precisar que este derecho pretende salvaguardar un ámbito propio y reservado, aunque no íntimo, frente a la acción y conocimiento de los demás; un ámbito necesario para poder decidir libremente el desarrollo de la propia personalidad y, en definitiva, un ámbito necesario según las pautas de nuestra cultura para mantener una calidad mínima de vida humana. Ese bien jurídico se salvaguarda reconociendo la facultad de evitar la difusión incondicionada de su aspecto físico, ya que constituye el primer elemento configurador de la esfera personal de todo individuo, en cuanto instrumento básico de identificación y proyección exterior y factor imprescindible para su reconocimiento como sujeto individual. En definitiva, lo que se pretende, en su dimensión constitucional, es que los individuos puedan decidir qué aspectos de su persona desean preservar de la difusión pública a fin de garantizar un ámbito privativo para el desarrollo de la propia personalidad ajeno a las injerencias externas.

CUESTIÓN

La notoriedad pública de la persona cuya imagen se divulga y el hecho de que las imágenes hayan sido obtenidas en lugares abiertos al público, ¿condiciona la protección del derecho a la propia imagen?

No. Si no concurre un interés público que justifique el reportaje, será irrelevante la proyección pública del personaje o la circunstancia de que las imágenes se capten en un lugar abierto al uso público. Esto es, ser personaje público y captar la imagen de este en un lugar público no son circunstancias que, por sí solas, justifiquen la difusión de cualquier imagen pues, no cabe privar incondicionalmente a la persona de la capacidad de decidir sobre qué aspectos de ella desea preservar de la difusión pública.

En este sentido se pronuncia el Tribunal Constitucional en su sentencia n.º 18/2015, de 16 de febrero, ECLI:ES:TC:2015:18, reprochando la postura mantenida por el Tribunal Supremo en la sentencia objeto de recurso de amparo, respecto de la esfera de protección del derecho a la propia imagen, determinando lo siguiente:

«Este derecho fundamental no prescribe ni queda condicionado por la circunstancia de que, en ocasiones pasadas, el titular del derecho haya otorgado su consentimiento para la reproducción de su aspecto físico o no haya reaccionado frente a una reproducción no consentida, pues a cada persona, y solo a ella, corresponde decidir en cada momento sobre dicha reproducción.

(...) tampoco la notoriedad pública de la persona cuya imagen ha sido divulgada, ni el hecho de que tales imágenes hayan sido obtenidas en lugares abiertos al público empecen la anterior afirmación. "Una vez descartado el interés público del reportaje, es irrelevante, como ya hemos puesto de manifiesto, la proyección pública del personaje o la circunstancia de que las imágenes se capten incluso en un lugar abierto al uso público. Dichas circunstancias, por sí solas, no justifican la difusión de cualquier imagen, pues no cabe privar incondicionalmente a la persona de la capacidad de decidir sobre qué aspectos de ella desea preservar de la difusión pública. Por ello, no cabe entender, como así lo hace la sentencia del Tribunal Supremo, que la recurrente –personaje público– que se expone a la mirada ajena al ser las imágenes captadas en una playa, deba asumir que su imagen pueda ser captada y difundida sin su consentimiento, le satisfaga o no el resultado"».

Resulta altamente ilustrativa la **sentencia del Tribunal Constitucional 231/1988, de 2 de diciembre, ECLI:ES:TC:1988:231,** por tratarse de una sentencia pionera en materia del del derecho al honor, a la intimidad personal y familiar y a la propia imagen. En la misma se establece lo siguiente:

«Los derechos a la imagen y a la intimidad personal y familiar reconocidos en el art. 18 de la C.E. aparecen como derechos fundamentales estrictamente vinculados a la propia personalidad, derivados sin duda de la "dignidad de la persona", que reconoce el art. 10 de la C.E., y que implican la existencia de un ámbito propio y reservado frente a la acción y conocimiento de los demás, necesario -según las pautas de nuestra cultura- para mantener una calidad mínima de la vida humana. Se muestran así esos derechos como personalísimos y ligados a la misma existencia del individuo. Ciertamente, el ordenamiento jurídico español reconoce en algunas ocasiones, diversas dimensiones o manifestaciones de estos derechos que, desvinculándose ya de la persona del afectado, pueden ejercerse por terceras personas. Así, el art. 9.2 de la L.O. 1/1982, de 5 de mayo, enumera las medidas integrantes de la tutela judicial de los derechos al honor, a la intimidad y a la imagen, entre las que incluye la eventual condena a indemnizar los perjuicios causados; y el art. 4 de la misma Ley prevé la posibilidad de que el ejercicio de las correspondientes acciones de protección civil de los mencionados derechos corresponda a los designados en testamento por el afectado, o a los familiares de éste. Ahora bien, una vez fallecido el titular de esos derechos, y extinguida su personalidad, -según determina el art. 32 del Código Civil: "La personalidad civil se extingue por la muerte de las personas"- lógicamente desaparece también el mismo objeto de la protección constitucional, que está encaminada a garantizar, como dijimos, un ámbito vital reservado, que con la muerte deviene inexistente. Por consiguiente, si se mantienen acciones de protección civil (encaminadas, como en el presente caso, a la obtención de una indemnización) en favor de terceros, distintos del titular de esos derechos de carácter personalísimo, ello ocurre fuera del área de protección de los derechos fundamentales que se encomienda al Tribunal Constitucional mediante el recurso de amparo».

Asimismo, concluye la sentencia estableciendo lo siguiente:

«(...) debe estimarse que, en principio, el derecho a la intimidad personal y familiar se extiende, no sólo a aspectos de la vida propia y personal, sino también a determinados aspectos de la vida de otras personas con las que se guarde una especial y estrecha vinculación, como es la familiar; aspectos que, por la relación o vínculo existente con ellas, inciden en la propia esfera de la personalidad del individuo que los derechos del art. 18 de la C.E. protegen. Sin duda, será necesario, en cada caso, examinar de qué acontecimientos se trata, y cuál es el vínculo que une a las personas en cuestión; pero al menos, no cabe dudar que ciertos eventos que puedan ocurrir a padres, cónyuges o hijos tienen, normalmente, y dentro de las pautas culturales de nuestra sociedad, tal trascendencia para el individuo, que su indebida publicidad o difusión incide directamente en la propia esfera de su personalidad. Por lo que existe al respecto un derecho -propio, y no ajeno- a la intimidad, constitucionalmente protegible».

1.2. Consentimiento

Es interesante comenzar señalando que no se apreciará intromisión ilegítima en el ámbito de la protección dada en la Ley Orgánica 1/1982, de 5 de mayo, cuando el titular hubiere otorgado al efecto su consentimiento. Si bien, a este respecto debemos tener en cuenta las siguientes consideraciones:

– Respecto de la forma de otorgar el consentimiento.
– Posibilidad de revocación del consentimiento.
– El consentimiento de los menores y personas con discapacidad.

Respecto de la forma de otorgar el consentimiento

De conformidad con lo recogido en la norma, el consentimiento deberá ser expreso. Sin embargo, el Tribunal Supremo ha venido admitiendo la posibilidad de que dicho consentimiento sea otorgado de forma tácita, como encontramos en la STS n.º 1116/2002, de 25 de noviembre, ECLI:ES:TS:2002:7859:

«(...) el consentimiento exigido por el art. 2.2 de la Ley 1/82 no es necesario que se otorgue por escrito, y que puede deducirse de **actos o conductas de inequívoca significación, no ambiguas o dudosas**».

CUESTIÓN

¿Se apreciará existencia de intromisión ilegítima en el ámbito protegido por la LO 1/1982, de 5 de mayo, si se lleva a cabo un uso de fotografías publicadas en Internet para una finalidad distinta de la inicialmente autorizada?

El Tribunal Supremo ha afirmado en su **sentencia n.º 91/2017, de 15 de febrero, ECLI:ES:TS:2017:363**, que «el consentimiento del titular de la imagen para que el público en general, o un determinado número de personas, pueda ver su fotografía en un blog o en una cuenta abierta en la web de una red social no conlleva la autorización para hacer uso de esa fotografía y publicarla o divulgarla de una forma distinta, pues no constituye el "consentimiento expreso" que prevé el art. 2.2 de la Ley Orgánica 1/1982 como excluyente de la ilicitud de la captación, reproducción o publicación de la imagen de una persona. Aunque este precepto legal, en la interpretación dada por la jurisprudencia, no requiere que sea un consentimiento formal (por ejemplo, dado por escrito), sí exige que se trate de un consentimiento inequívoco, como el que se deduce de actos o conductas de inequívoca significación, no ambiguas ni dudosas».

Sin embargo, este criterio ha sido matizado en la **STS n.º 476/2018, de 20 de julio, ECLI:ES:TS:2018:2748**, al afirmar que «la prestación de consentimiento para la publicación de la propia imagen en Internet conlleva el consentimiento para la difusión de esa imagen cuando tal difusión, por sus características, sea una consecuencia natural del carácter accesible de los datos e imágenes publicados en Internet».

Así pues, según la **SAP de Granada n.º 283/2019, de 18 de octubre, ECLI:ES:AP: GR:2019:2253**, el consentimiento no puede ser general, sino que ha de referirse a cada acto concreto, como se desprende de los arts. 2.2 y 8.1 de la Ley Orgánica 1/1982, lo que deriva del carácter irrenunciable que tiene este derecho, como prevé el art. 1.3 de dicha ley orgánica y es propio de su carácter de derecho fundamental. El control de la propia imagen que supone el derecho fundamental reconocido en el art. 18.1 de la Constitución determina que, cuando no se trata de un personaje con proyección pública, el consentimiento expreso en un determinado uso público de dicha imagen por parte de su titular no legitime cualquier otro uso público de tal imagen por parte de un tercero para el que no se haya dado ese consentimiento expreso.

Posibilidad de revocación del consentimiento

A tenor del carácter fundamental de estos derechos, se prevé la posibilidad de que la persona que haya otorgado consentimiento, lo revoque en cualquier momento. Ahora bien, se matiza que, en ese caso de revocación del consentimiento inicialmente otorgado, habrán de indemnizarse los daños y perjuicios causados, incluyendo en ellos las expectativas justificadas.

En relación con la revocación del consentimiento se pronuncia **la Sala de nuestro Tribunal Supremo, entre otras, en su sentencia n.º 266/2016, de 21 de abril, ECLI:ES:TS:2016:1779**, reconociendo una intromisión ilegítima en el ámbito de los derechos fundamentales al honor y a la propia imagen de la actora, la cual había prestado su imagen unos años atrás con fines comerciales, revocando posteriormente el consentimiento inicialmente prestado mediante contrato para la publicación de las fotografías. En este sentido, la sala aprecia intromisión ilegítima poniendo de manifiesto que, en primer lugar, la afectada revocó su consentimiento dentro del plazo establecido en el propio contrato pero que, aunque no hubiese sido así, la ley permite la revocación del consentimiento en cualquier momento y frente a cualquier persona, se haya mantenido con esta la relación contractual en la que se otorga el consentimiento o no:

«(...) tratándose del ejercicio de una facultad derivada de un derecho constitucional de la personalidad, la posibilidad de revocación no se agota con su ejercicio frente a quien originariamente resultó beneficiario de la licencia, sino que se extiende a todos los que sucesivamente hayan podido ir adquiriendo la titularidad sobre lo transmitido, puesto que se trata de recobrar el derecho a la imagen, irrenunciable e inalienable en su esencia, dejando sin efecto la autorización que es una facultad excepcional otorgada».

> **CUESTIÓN**
>
> **¿La revocación del consentimiento puede afectar a posibles intromisiones ilegítimas ya consumadas?**
>
> No, el consentimiento es revocable, pero no puede atribuirse a la revocación carácter retroactivo. En este sentido, es ilustrativa la STS n.º 353/1994, de 23 de abril, ECLI:ES:TS:1994:22239.

El consentimiento de los menores y personas con discapacidad

Antes de desarrollar este punto, es importante resaltar que, desde el 03/09/2021, la Ley 8/2021, de 2 de junio, por la que se reforma la legislación civil y procesal para el apoyo a las personas con discapacidad en el ejercicio de su capacidad jurídica, sustituye las expresiones «persona con capacidad modificada judicialmente» por «persona con discapacidad con medidas de apoyo para el ejercicio de su capacidad jurídica», o «persona con capacidad modificada judicialmente o a modificar» por «persona con discapacidad». Con esta ley se pone fin a las incapacitaciones judiciales. Al no ser modificada la LO 1/1982, de 5 de mayo, debe entenderse que, cuando hace mención a «incapaz o incapaces», se está refiriendo a «persona con discapacidad con medidas de apoyo para el ejercicio de su capacidad jurídica» o «persona con discapacidad».

Es el artículo 3 de la Ley Orgánica 1/1982, de 5 de mayo, el precepto que se encarga de establecer quién debe prestar el consentimiento cuando el titular del derecho sea un menor de edad o persona con discapacidad con o sin medidas de apoyo. En este sentido, el citado precepto indica en su párrafo primero que el consentimiento de los menores y personas con discapacidad será prestado por ellos mismos «si sus condiciones de madurez lo permiten, de acuerdo con la legislación civil». Así pues, la validez y la eficacia del consentimiento de un menor o persona con discapacidad, se encuentran sometidas a que reúna las condiciones de madurez suficientes.

En los restantes casos, se establece la obligatoriedad de que el consentimiento se otorgue mediante escrito por su representante legal, «quien estará obligado a poner en conocimiento previo del Ministerio Fiscal el consentimiento proyectado. Si en el plazo de ocho días el Ministerio Fiscal se opusiere, resolverá el juez». En este sentido, cabe destacar que, a través del contenido de la Instrucción n.º 1/2017, de 27 de marzo, de la Fiscalía General del Estado, sobre la actuación del fiscal para la protección de los derechos al honor, intimidad y propia imagen de menores de edad con discapacidad ante los medios de comunicación audiovisual, podemos sentar las bases que se constituyen como requisitos indispensables para que la Fiscalía General del Estado apruebe el consentimiento otorgado por el representante de los menores y personas con discapacidad con medidas de apoyo:

- El escrito de emisión del consentimiento debe estar firmado por los padres o representantes legales del menor o persona con discapacidad con medidas de apoyo para el ejercicio de su capacidad jurídica, describiéndose mínimamente los contenidos aceptados.

- Justificación de haberse explicado de forma comprensible (o, al menos, haberse intentado, según la edad, madurez y capacidades cognitivas concretas del niño o la niña) la naturaleza y consecuencias del acto que se va a realizar.

- Copia de las imágenes que pretenden emitirse en el programa televisivo o, por lo menos, de tratarse de un programa en directo, la descripción de las preguntas y de la forma en que se va a llevar a cabo el programa.

CUESTIÓN

¿Qué ocurrirá en aquellos casos en los que el consentimiento prestado por el representante legal de los menores o persona con discapacidad con medidas de apoyo para el ejercicio de su capacidad jurídica no cumpla con los requisitos antedichos?

De conformidad con el contenido de la Instrucción n.º 1/2017, de 27 de marzo, de la Fiscalía General del Estado, de no cumplirse los requisitos que en ella se establecen, por el Ministerio Público «se expresará que concurre causa de oposición al consentimiento proyectado».

En el supuesto de que el Ministerio Fiscal se opusiera al consentimiento otorgado por el representante legal del menor o persona con discapacidad con medidas de apoyo para el ejercicio de su capacidad jurídica, habremos de estar a las **disposiciones contenidas en los artículos 59 y 60 de la Ley 15/2015, de la Jurisdicción Voluntaria, al ser estas las aplicables a la incoación del expediente** para la aprobación judicial del consentimiento cuando el fiscal se hubiere opuesto al otorgado por el representante legal del menor o persona con discapacidad con medidas de apoyo para el ejercicio de su capacidad jurídica. Se da así cumplida respuesta procesal a la previsión contenida en el precitado artículo 3 de la Ley Orgánica 1/1982, de 5 de mayo.

A TENER EN CUENTA. En lo que respecta a la protección del honor, intimidad y propia imagen de los menores, habremos de estar a lo dispuesto en la Ley Orgánica 1/1996, de 15 de enero, de Protección Jurídica del Menor, de modificación parcial del Código Civil y de la Ley de Enjuiciamiento Civil. Esta norma, de aplicación a los menores de dieciocho años que se encuentren en territorio español (salvo que en virtud de la ley que les sea aplicable hayan alcanzado anteriormente la mayoría de edad), contiene una serie de especialidades en la materia.

RESOLUCIÓN RELEVANTE

Sentencia de la Audiencia Provincial de Madrid n.º 100/2024, de 16 de febrero, ECLI:ES:APM:2024:3023

«*Para la solución de este conflicto debemos estar a la doctrina de la sala que, por lo que aquí interesa, puede resumirse en los siguientes términos.*

1. Existe una protección específica de los derechos de la personalidad de los menores. El art. 4.3 de la Ley Orgánica 1/1996, de 15 de enero (RCL 1996, 145), de Protección Jurídica del Menor (LPJM), considera intromisión ilegítima en el derecho al honor, a la intimidad personal y familiar y a la propia imagen del menor "cualquier utilización de su imagen o su nombre en los medios de comunicación que pueda implicar menoscabo de su honra o reputación, o que sea contraria a sus intereses incluso si consta el consentimiento del menor o de sus representantes legales".

La STS 14/2022, de 13 de enero (RJ 2022, 423), con cita de la sentencia 818/2013, de 17 de diciembre (RJ 2013, 8055), recuerda:

"i) Que, en los casos en que los intereses de los menores están afectados, el ordenamiento jurídico otorga una especial protección al interés del menor, ya que los mecanismos legales de protección de los derechos fundamentales de los menores establecidos en la Ley Orgánica 1/1982, de 5 de mayo (RCL 1982, 1197) (art. 3) se refuerzan en la LPJM (art. 4).

"ii) Que el reconocimiento de una protección específica a los derechos de la personalidad de los menores se establece también en el ámbito internacional: Pacto Internacional de Derechos Civiles y Políticos (RCL 1977, 893) - art. 24-; Convenio Europeo para la Protección de los Derechos Humanos y de las Libertades Fundamentales (RCL 1979, 2421) -art. 6-; Reglas mínimas de las Naciones Unidas para la administración de justicia de menores -art. 8-; Convención sobre los Derechos del Niño (RCL 1990, 2712) -arts. 3 y 40-; Carta Europea de derechos del niño -en el punto 8.29 declara que todo niño tiene derecho a no ser objeto por parte de un tercero de intrusiones injustificadas en su vida privada, en la de su familia, ni a sufrir atentados ilegales contra su honor y en el punto 8.43 otorga protección frente a utilizaciones lesivas de la imagen del menor-.

"Enfatizando especialmente el art. 39.4 CE (RCL 1978, 2836) el valor que los Convenios Internacionales adquieren en relación con los menores.

"iii) Y que esta protección reforzada ha sido reconocida por la doctrina del Tribunal Constitucional y la jurisprudencia de esta sala, en el sentido de que, si bien todas las personas tienen derecho a ser respetadas en el ámbito de su honor, intimidad y propia imagen, los menores lo tienen de manera especial y cualificada, precisamente por la nota de desvalimiento que les define por tratarse de personas en formación más vulnerables, por tanto, a los ataques a sus derechos".

En el mismo sentido, la doctrina constitucional, representada, entre otras, por la STC 158/2009, de 29 de junio de 2009 (RTC 2009, 158) (FJ 4) establece:

"Cabe recordar que, de conformidad con el art. 20.4 CE, las libertades de expresión e información tienen su límite en el respeto a los derechos reconocidos en el título I, en las leyes que lo desarrollan "y, especialmente, en l derecho al honor, a la intimidad, a la propia imagen y a la protección de la juventud y de la infancia".

2. Para la solución del conflicto entre la libertad de información y el derecho a la intimidad de los menores es necesario determinar si la información publicada tenía relevancia pública por versar sobre temas de interés general y si la afectación que haya podido sufrir la esfera personal del menor resulta justificada por el ejercicio legítimo de las libertades de expresión e información.

Con este fin es preciso valorar el alcance de la identificación de la menor y tener en cuenta la naturaleza de los datos relativos a ella que han sido revelados. Todo ello en el marco del criterio de protección reforzada de los derechos de la personalidad de los menores de edad que resulta tanto de la legislación interna como de instrumentos internacionales ratificados por España (sentencia 157/2021, de 16 de marzo (RJ 2021, 1245))».

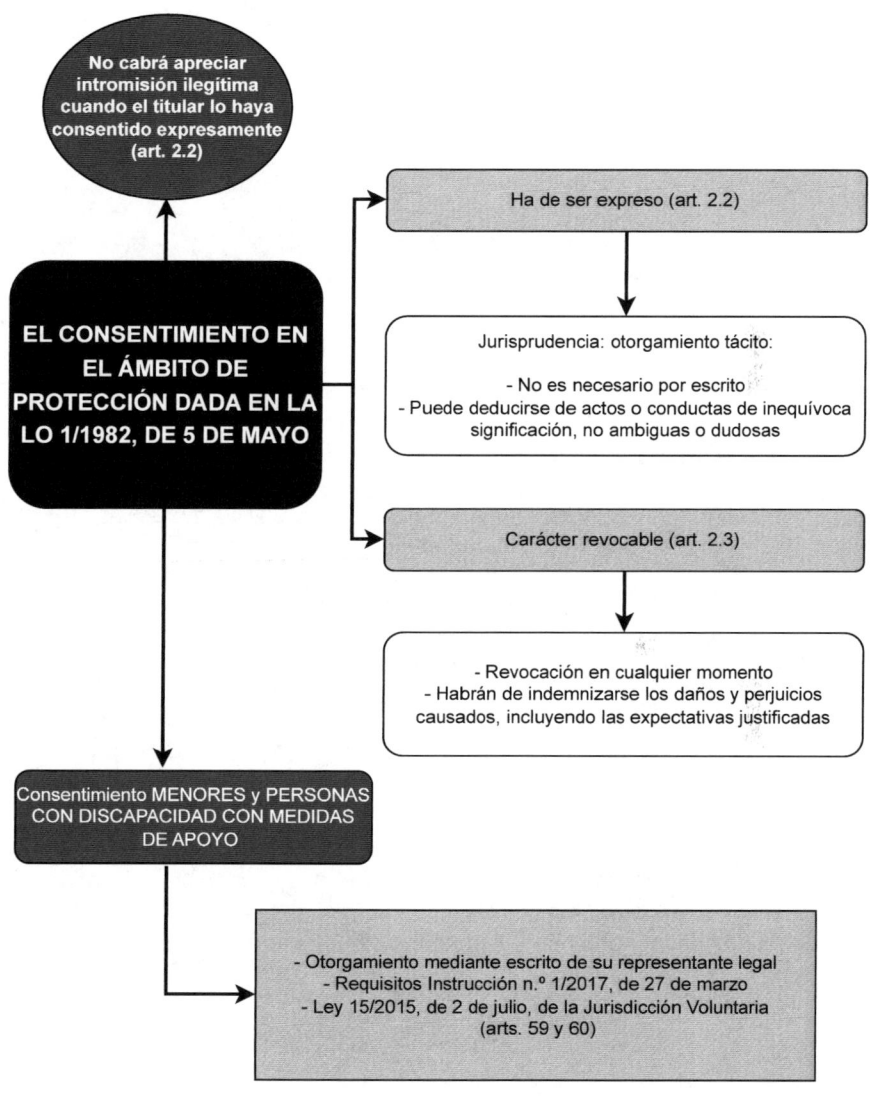

1.3. La protección del derecho al honor de una persona fallecida

Establece el artículo 32 del Código Civil que la personalidad civil se extingue por la muerte de las personas. A pesar de ello, cabe la posibilidad de que, en algunas ocasiones, las personas que son llamadas por ley a la sucesión de otra ya fallecida defiendan los derechos de los que ésta última fuese titular.

JURISPRUDENCIA

Sentencia del Tribunal Supremo n.º 141/2021, de 15 de marzo, ECLI:ES:TS:2021:807

«La muerte no se indemniza a quien muere, sino a quienes sufren los daños morales o patrimoniales por tal fallecimiento. Ello es así, dado que no existe propiamente daño resarcible para el muerto, desde la esfera del derecho de daños, sino privación irreversible del bien más preciado con el que contamos como es la vida, que extingue nuestra personalidad (art. 32 CC). La muerte no genera, por sí misma, perjuicio patrimonial ni no patrimonial a la víctima que fallece y, por lo tanto, en tal concepto, nada transmite vía hereditaria; cuestión distinta es que nazcan ex iure propio derechos resarcitorios, originarios y no derivados, a favor de otras personas en razón a los vínculos que les ligan con el finado.

En este sentido, señala la sentencia 246/2009, de 1 de abril, que "es doctrina pacífica que el derecho a la indemnización por causa de muerte no es un derecho sucesorio, sino ejercitable 'ex iure propio', al no poder sucederse en algo que no había ingresado en el patrimonio del 'de cuius'" De la misma manera, se expresa la sentencia 636/2003, de 19 de junio, cuando proclama que se niega mayoritariamente que "[...] la pérdida en sí del bien 'vida' sea un daño sufrido por la víctima que haga nacer en su cabeza una pretensión resarcitoria transmisible 'mortis causa' a sus herederos y ejercitable por éstos en su condición de tales 'iure hereditatis'".

Ahora bien, el derecho de los particulares a ser resarcidos económicamente por los daños y perjuicios sufridos, a consecuencia de una conducta jurídicamente imputable a otra persona (art. 1902 CC), genera un derecho de crédito de contenido patrimonial, condicionado a la concurrencia de los presupuestos de los que surge la responsabilidad civil. Los bienes jurídicos sobre los que recae el daño cuando son la vida, la integridad física, los derechos de la personalidad, tienen carácter personalísimo y, como tales, no son transmisibles por herencia, pero cuestión distinta es el derecho a ser resarcido económicamente por mor de la lesión padecida, en tanto en cuanto goza de la naturaleza de un crédito de contenido patrimonial, que no se extingue por la muerte del causante (art. 659 CC).

Este derecho al resarcimiento económico nace desde el momento en que es causado el daño, como resulta del juego normativo de los arts. 1089 y 1902 del CC, no cuando es ejercitado ante los tribunales o reconocido en una sentencia judicial, que tiene efectos meramente declarativos y no constitutivos del mismo. Lo adquiere el lesionado desde que lo sufre y queda integrado en su patrimonio, susceptible de ser transmitido a sus herederos.

Existen manifestaciones normativas de dicha transmisibilidad, como las contempladas los arts. 4 y 6 de la Ley Orgánica 1/1982, de 5 de mayo, de protección civil del derecho al honor, a la intimidad personal y familiar y a la propia imagen.

(...)

> *La transmisibilidad del crédito resarcitorio no genera, por otra parte, ningún enriquecimiento sin causa, en tanto en cuanto el título de herencia justifica la adquisición vía hereditaria; mientras que, por el contrario, de vedarse la reclamación, a quien realmente se beneficiaría de forma injusta sería al causante del daño».*

En este sentido, la Ley Orgánica 1/1982, de 5 de mayo, atribuye la protección —para el caso en el que la lesión al derecho al honor, a la intimidad personal y familiar y a la propia imagen se hubiese producido con posterioridad al fallecimiento de una persona— a quienes ésta hubiera designado en su testamento. En defecto de dicha designación, a los parientes supérstites y, en última instancia, al Ministerio Fiscal.

Así pues, el artículo 6 de la mencionada LO 1/1982, de 5 de mayo, estipula:

> «Uno. Cuando el titular del derecho lesionado fallezca sin haber podido ejercitar por sí o por su representante legal las acciones previstas en esta ley, por las circunstancias en que la lesión se produjo, las referidas acciones podrán ejercitarse por las personas señaladas en el artículo cuarto.
> Dos. Las mismas personas podrán continuar la acción ya entablada por el titular del derecho lesionado cuando falleciere».

Estas acciones podrán ejercitarse por las personas que se señalan en el artículo 4 del citado texto legal conforme al siguiente orden de prelación:

- En primer lugar, las **designadas** a tal efecto en el **testamento**. Esta designación puede recaer en una persona jurídica.
- En los casos en los que **no exista designación o habiendo fallecido la persona designada**, la legitimación corresponde al cónyuge, los descendientes, ascendientes y hermanos de la persona fallecida.
- **A falta de todas las personas legitimadas legalmente**, el ejercicio de la acción corresponde al Ministerio Fiscal.

Sin embargo, los derechos de la personalidad de la persona fallecida no se transmiten a las personas legitimadas por la Ley Orgánica 1/1982, de 5 de mayo para su defensa. En consecuencia, los **legitimados no ostentan la titularidad de la dignidad que se protege**. En esta línea, la **sentencia del Tribunal Constitucional n.º 51/2008, de 14 de abril, ECLI:ES:TC:2008:51**, en un caso en el que la viuda pretendía salvaguardar el honor de su marido fallecido once años antes de la publicación del pasaje litigioso, expresamente reconoce que «la legitimación para recurrir y la titularidad del derecho fundamental invocado no coinciden en una misma persona».

Asimismo, también es importante advertir que, tal y como se pone de manifiesto en, entre otras, la **sentencia del Tribunal Supremo n.º 686/2020, de 21 de diciembre, ECLI:ES:TS:2020:4413**, de la doctrina esgrimida por el Tribunal Constitucional podemos concluir que, la dignidad de las personas fallecidas **no goza de la misma intensidad que las personas vivas**. En este sentido, y refiriéndonos de nuevo al criterio mantenido por el **Tribunal Constitucional en su sentencia n.º 51/2008, de 14 de abril, ECLI:ES:TC:2008:51**, recoge la sala lo siguiente:

> «Con la muerte de las personas su reputación se transforma en gran medida, vinculándose sobre todo a la memoria o al recuerdo por parte de

sus allegados. **De ahí que no pueda postularse que su contenido constitucional y la intensidad de su protección sean los mismos que en el caso de las personas vivas.** En este sentido cabe recordar cómo en la ya mencionada STC 43/2004, de 23 de marzo, relativa a un reportaje en que se aludía a la participación de un familiar de los recurrentes en el Consejo de Guerra que condenó a muerte a un conocido político de la Segunda República, este Tribunal no negó la posibilidad de acudir en amparo en defensa del honor del familiar fallecido. Pero también **reconoció que el paso del tiempo diluye necesariamente la potencialidad agresiva sobre la consideración pública o social de los individuos en el sentido constitucional del término** y, por consiguiente, la condición obstativa de la personalidad frente al ejercicio de las libertades del art. 20 CE».

A lo antedicho debe añadirse la **limitación temporal** a la que se haya sometida la memoria, pues esta se extingue con **el fallecimiento de la última de las personas legitimadas** (persona designada en el testamento o, en su defecto, tras el fallecimiento del cónyuge, los descendientes, ascendientes y hermanos de la persona afectada que viviesen al tiempo de su fallecimiento) o a los **ochenta años desde el fallecimiento de la persona cuya memoria se tutela** si la legitimación corresponde a la persona jurídica designada en el testamento o al Ministerio Fiscal (a quien la ley legitima de manera extraordinaria en interés de la sociedad).

CUESTIONES

1. Como hemos visto, a falta de designación a tal efecto en testamento, correspondería el ejercicio de las acciones de protección civil contempladas en la LO 1/1982, de 5 de mayo, al cónyuge, los descendientes, los ascendentes y hermanos. Así pues, y en caso de ser varios los legitimados activamente para el ejercicio de la acción, ¿uno de los legitimados activamente puede presentar una demanda por intromisión ilegítima en los derechos fundamentales al honor a la intimidad y a la propia imagen del fallecido contra otra persona que también estuviera legitimado activamente para el ejercicio de esa acción?

Hemos de partir de la base de que, de conformidad con lo previsto en el artículo 5 de la LO 1/1982, de 5 de mayo, en caso de ser varios los legitimados activamente para el ejercicio de la acción (y ello a falta de designación por parte del fallecido en su testamento de una persona) cualquiera de ellos puede ejercitar las acciones previstas para la protección de los derechos del fallecido. Lo mismo ocurrirá —salvo expresa disposición en contrario del fallecido— cuando hayan sido varias las personas designadas en su testamento.

Sentado lo anterior, respecto a la duda que se plantea, esto es, la posibilidad de que la demanda por intromisión ilegítima interpuesta por un legitimario contra otra persona que también estuviera legitimado activamente para el ejercicio de la acción, **nada impide su ejercicio,** si bien, debemos acudir al criterio de la delimitación de la protección de estos derechos que impone el apartado 1 del art. 2 de la LO 1/1982, de 5 de mayo, en el que se dice: «La protección civil del honor, de la intimidad (...) quedará delimitada por (...) los usos sociales atendiendo al ámbito que, por sus propios actos, mantenga cada persona reservado para sí misma o su familia» así, de invocarse el derecho fundamental al honor e intimidad de una persona fallecida los actos propios que delimitan el **concepto de la protección civil de** esos derechos fundamentales han de ser, además de los del finado cuando vivía, **los de la persona legitimada para el ejercicio de la acción de protección civil del** honor y la intimidad del difunto. De ser una sola persona la que está legitimada activamente, no cabe duda de que serán los actos de esta persona. Pero, de ser varias las personas que están legitimadas activamente, tampoco debe ofrecer duda que los actos de la persona que presenta la demanda delimitan la protección civil del derecho fundamental al honor y a la intimidad de la persona muerta.

2. ¿Los actos de alguno de los legitimados activamente que sea una persona distinta de la que, estando también legitimados activamente, presenta la demanda, delimitan igualmente la protección civil del derecho al honor y la intimidad de la finada?

Sí, salvo que conste que el demandante ha mostrado una actitud activa de reproche ante los mismos. En este sentido, resulta altamente ilustrativa la **STS n.º 252/2020, de 21 de diciembre, ECLI:ES:TS:2020:4413**.

Por su parte, en aquellos supuestos en los que la lesión del derecho al honor, a la intimidad personal y familiar y a la propia imagen hubiera tenido lugar antes del fallecimiento sin que el titular del derecho lesionado hubiera ejercido las acciones reconocidas en la Ley Orgánica 1/1982, de 5 de mayo, estas sólo subsistirán **si no hubieran podido ser ejercitadas por el fallecido o por su representante legal**, pues tal y como reconoce la propia norma en su exposición de motivos, si se pudo ejercitarlas y no se hizo existe una fundada presunción de que los actos que objetivamente pudieran constituir lesiones no merecieron esa consideración a los ojos del perjudicado o su representante legal.

Asimismo, tal y como prevé el artículo 6 de la Ley Orgánica 1/1982, de 5 de mayo, estos también contarán con legitimación para continuar la acción ya entablada por el titular del derecho lesionado cuando este falleciere.

1.4. Intromisiones ilegítimas: excepciones

La conceptualización de las intromisiones o injerencias ilegítimas se encuentra en el artículo séptimo de la Ley Orgánica 1/1982, de 5 de mayo, recogiéndose aquellas conductas consideradas como intromisiones ilegítimas, así como las excepciones o supuestos que dan pie a la inaplicación de la ley por no reputarse como tales, singularmente las «actuaciones autorizadas o acordadas por la Autoridad competente» y cuando «predomine un interés histórico, científico o cultural relevante».

Así, se consideran **intromisiones ilegítimas**:

- El emplazamiento en cualquier lugar de aparatos de escucha, de filmación, de dispositivos ópticos o de cualquier otro medio apto para grabar o reproducir la vida íntima de las personas.

- La utilización de aparatos de escucha, dispositivos ópticos, o de cualquier otro medio para el conocimiento de la vida íntima de las personas o de manifestaciones o cartas privadas no destinadas a quien haga uso de tales medios, así como su grabación, registro o reproducción.

- La divulgación de hechos relativos a la vida privada de una persona o familia que afecten a su reputación y buen nombre, así como la revelación o publicación del contenido de cartas, memorias u otros escritos personales de carácter íntimo.

- La revelación de datos privados de una persona o familia conocidos a través de la actividad profesional u oficial de quien los revela.

- La captación, reproducción o publicación por fotografía, filme, o cualquier otro procedimiento, de la imagen de una persona en lugares o momentos de su vida privada o fuera de ellos, salvo los casos previstos en el artículo octavo, dos.

- La utilización del nombre, de la voz o de la imagen de una persona para fines publicitarios, comerciales o de naturaleza análoga.

- La imputación de hechos o la manifestación de juicios de valor a través de acciones o expresiones que de cualquier modo lesionen la dignidad de otra persona, menoscabando su fama o atentando contra su propia estimación.

- La utilización del delito por el condenado en sentencia penal firme para conseguir notoriedad pública u obtener provecho económico, o la divulgación de datos falsos sobre los hechos delictivos, cuando ello suponga el menoscabo de la dignidad de las víctimas.

JURISPRUDENCIA

Sentencia del Tribunal Supremo n.º 378/2022, de 5 de mayo, ECLI:ES:TS:2022:1784

«Ni la libertad de expresión ni la libertad de información son derechos absolutos. El art. 10.2 CEDH dispone que el ejercicio de estas libertades, que entrañan deberes y responsabilidades, puede ser sometido a ciertas formalidades, condiciones, restricciones o sanciones previstas por la ley, que constituyan medidas necesarias, en una sociedad democrática, para la protección de la reputación o de los derechos ajenos, como es el caso del derecho al honor. Y el art. 20.4CE al referirse a los límites que tienen dichas libertades menciona especialmente dicho derecho.

Por lo tanto, no cabe aceptar, ni siquiera partiendo de las premisas enunciadas por el recurrente (que el recurrido es un personaje público y que aquello que se expresa y que le concierne tiene interés público) que '[l]a libertad de expresión e información debe prevalecer siempre sobre el derecho al honor de tan cuestionado personaje' y que las publicaciones y los comentarios litigiosos '[n]o pueden nunca constituir intromisión en el derecho al honor'».

Por su parte, el artículo octavo de la LO 1/1982, de 5 de mayo, establece a continuación

«Uno. No se reputará, con carácter general, intromisiones ilegítimas las actuaciones autorizadas o acordadas por la Autoridad competente de acuerdo con la ley, ni cuando predomine un interés histórico, científico o cultural relevante.

Dos. En particular, el derecho a la propia imagen no impedirá:

a) Su captación, reproducción o publicación por cualquier medio cuando se trate de personas que ejerzan un cargo público o una profesión de notoriedad o proyección pública y la imagen se capte durante un acto público o en lugares abiertos al público.

b) La utilización de la caricatura de dichas personas, de acuerdo con el uso social.

c) La información gráfica sobre un suceso o acaecimiento público cuando la imagen de una persona determinada aparezca como meramente accesoria.

Las excepciones contempladas en los párrafos a) y b) no serán de aplicación respecto de las autoridades o personas que desempeñen funciones que por su naturaleza necesiten el anonimato de la persona que las ejerza».

No obstante, tal y como recoge la exposición de motivos de la Ley Orgánica 1/1982, de 5 de mayo, existen casos en que tales injerencias o intromisiones no pueden considerarse ilegítimas en virtud de **razones de interés público que imponen una limitación de los derechos individuales**. En consonancia con ello y con el punto anterior, no se reputarán intromisiones ilegítimas —con carácter general— las actuaciones autorizadas o acordadas por la autoridad competente de acuerdo con la ley, ni cuando predomine un interés histórico, científico o cultural relevante. Asimismo, el derecho a la propia imagen no impedirá:

— Su captación, reproducción o publicación por cualquier medio cuando se trate de personas que ejerzan un cargo público o una profesión de notoriedad o proyección pública y la imagen se capte durante un acto público o en lugares abiertos al público. En este sentido, y de conformidad con lo recogido por la **Sala del Tribunal Supremo en su sentencia n.º 217/2020, de 1 de junio, ECLI:ES:TS:2020:1516**, es importante tener en cuenta que los referidos criterios de exclusión, solo deben aplicarse cuando la información transmitida posea relevancia por contribuir a la formación de la opinión pública o a un debate de interés general, lo que sucede cuando la imagen versa sobre aspectos conectados a la proyección pública de la persona a la que se refiere, o a las características del hecho en que esa persona se haya visto involucrada, pero no concurre cuando tan solo está dirigida a suscitar o satisfacer la curiosidad ajena por conocer el aspecto físico de otros o con lo que a juicio de ciertos medios pueda resultar noticioso en un momento determinado. Esto es, descartado el interés público, es irrelevante, la proyección pública del personaje o la circunstancia de que las imágenes se capten incluso en un lugar abierto al uso público **(sentencia del Tribunal Constitucional n.º 19/2014, de 10 de febrero, ECLI:ES:TC:2014:19)**.

— La utilización de la caricatura de dichas personas, de acuerdo con el uso social.

> **A TENER EN CUENTA**. Las dos excepciones inmediatamente antedichas no serán de aplicación respecto de las autoridades o personas que desempeñen funciones que, por su naturaleza, necesiten el anonimato de la persona que las ejerza.

— La información gráfica sobre un suceso o acaecimiento público cuando la imagen de una persona determinada aparezca como meramente accesoria.

Cuestión siempre candente con respecto a la legitimidad/ilegitimidad de las intromisiones en este ámbito, y que desarrollaremos en otros puntos, es la **colisión del derecho al honor y el derecho a la información** (y la libertad de expresión), toda vez que tal como recogía la **sentencia del Tribunal Supremo n.º 648/1997, de 7 de julio, ECLI:ES:TS:1997:4811**, en su fundamento de derecho tercero:

> «(...) si bien es cierto que el artículo 20 constitucional reconoce y protege los derechos a la libertad de expresión e información, no lo es menos que tales derechos no pueden ejercerse de manera incondicional o absoluta ya que el mismo precepto, en su número 4, establece que esas libertades tienen su límite en el respeto a los derechos reconocidos en el Título y, especialmente, en el derecho al honor, a la intimidad, a la propia imagen, los cuales, se encuentran garantizados en el constitucional artículo 18 y su protección jurisdiccional».

1.5. Tutela judicial: juicio ordinario

El artículo 53.2 de la Constitución española garantiza que cualquier ciudadano pueda recabar la tutela de las libertades y derechos reconocidos en la sección primera del capítulo segundo ante los tribunales ordinarios. En este ámbito de protección se encuentra el derecho al honor, a la intimidad personal y familiar y a la propia imagen previsto en el art. 18 de la CE. Para la protección de este derecho se dicta la Ley Orgánica 1/1982, de 5 de mayo, que en su art. 9.1 establece:

> «La tutela judicial frente a las intromisiones ilegítimas en los derechos a que se refiere la presente Ley podrá recabarse por las vías procesales ordinarias o por el procedimiento previsto en el artículo 53.2 de la Constitución. También podrá acudirse, cuando proceda, al recurso de amparo ante el Tribunal Constitucional».

JURISPRIDENCIA

Sentencia del Tribunal Supremo n.º 564/2021, de 26 de julio, ECLI:ES:TS:2021:3159

«El artículo 20.1.a) y d) CE, en relación con el artículo 53.2 CE, reconoce como derecho fundamental especialmente protegido mediante los recursos de amparo constitucional y judicial el derecho a expresar y difundir libremente los pensamientos, ideas y opiniones mediante la palabra, el escrito o cualquier otro medio de reproducción y el derecho a comunicar o recibir libremente información veraz por cualquier medio de difusión, y el artículo 18.1 CE reconoce con igual grado de protección el derecho al honor y a la intimidad personal.

La libertad de información comprende la comunicación de hechos susceptibles de contraste con datos objetivos y tiene como titulares a los miembros de la colectividad y a los profesionales del periodismo.

> *El artículo 7.7 LPDH define el derecho al honor en un sentido negativo, desde el punto de vista de considerar que hay intromisión por la imputación de hechos o la manifestación de juicios de valor a través de acciones o expresiones que de cualquier modo lesionen la dignidad de otra persona, menoscabando su fama o atentando contra su propia estimación. Doctrinalmente se ha definido como dignidad personal reflejada en la consideración de los demás y en el sentimiento de la propia persona».*

Es en el apartado 1.2.º del artículo 249 de la Ley de Enjuiciamiento Civil donde nuestro ordenamiento jurídico sienta el procedimiento que habrá de seguirse en la tutela civil del derecho al honor, a la intimidad y a la propia imagen:

«1. Se decidirán en el **juicio ordinario**, cualquiera que sea su cuantía: (...)

2.º Las que pretendan **la tutela del derecho al honor, a la intimidad y a la propia imagen**, y las que pidan la tutela judicial civil de cualquier otro derecho fundamental, salvo las que se refieran al derecho de rectificación. En estos procesos, **será siempre parte el Ministerio Fiscal y su tramitación tendrá carácter preferente**».

La **tutela judicial** comprenderá la adopción de todas las medidas necesarias para poner fin a la intromisión ilegítima de que se trate y, en particular, las necesarias para:

- El restablecimiento del perjudicado en el pleno disfrute de sus derechos, con la declaración de la intromisión sufrida, el cese inmediato de la misma y la reposición del estado anterior. En caso de intromisión en el derecho al honor, el restablecimiento del derecho violado incluirá, sin perjuicio del derecho de réplica por el procedimiento legalmente previsto, la publicación total o parcial de la sentencia condenatoria a costa del condenado con al menos la misma difusión pública que tuvo la intromisión sufrida.
- Prevenir intromisiones inminentes o ulteriores.
- La indemnización de los daños y perjuicios causados.
- La apropiación por el perjudicado del lucro obtenido con la intromisión ilegítima en sus derechos.

En este sentido cabe advertir que, tal y como se pone de manifiesto en la Ley Orgánica 1/1982, de 5 de mayo, las medidas arriba transcritas se entenderán sin perjuicio de la **tutela cautelar necesaria para asegurar su efectividad**.

Respecto a la existencia de perjuicio, señala el apartado 3 del artículo 9 de la Ley Orgánica 1/1982, de 5 de mayo, que esta **se presumirá** siempre que se acredite la intromisión ilegítima, extendiéndose la indemnización, al daño moral, que deberá ser valorado atendiendo a las circunstancias del caso y a la gravedad de la lesión efectivamente producida, para lo que se tendrá en cuenta, en su caso, la difusión o audiencia del medio a través del que se haya producido. Así pues, tal y como pone de manifiesto el **Tribunal Supremo en su sentencia n.º 81/2015, de 18 de febrero, ECLI:ES:TS:2015:557**, el precepto establece una presunción *iuris et de* *iure*, de existencia de perjuicio indemnizable cuando se haya producido una intromisión ilegítima, establecida por ley y sin posibilidad de prueba en contrario y sin que el hecho de que la valoración del daño moral no pueda obtenerse de una prueba objetiva imposibilite legalmente a los tribunales para fijar su cuantificación (**STS n.º 312/2014, de 5 de junio, ECLI:ES:TS:2014:2256**).

En relación con los parámetros que han de seguirse para llevar a cabo la **cuantificación de la indemnización del daño moral,** jurisprudencialmente se ha recogido que se trata «de una valoración estimativa, que en el caso de daños morales derivados de la vulneración de un derecho fundamental del art. 18.1 de la Constitución, ha de atender a los parámetros previstos en el art. 9.3 de la Ley Orgánica 1/1982, de acuerdo con la incidencia que en cada caso tengan las circunstancias relevantes para la aplicación de tales parámetros, utilizando criterios de prudente arbitrio» sin que sea admisible, en modo alguno, la indemnización de carácter meramente simbólico (**STS n.º 237/2019, de 23 de abril, ECLI:ES:TS:2019:1331**). Así, por ejemplo, y de acuerdo con la **sentencia del Tribunal Supremo n.º 81/2015, ECLI:ES:TS:2015:557,** no puede rebajarse la cuantía de la indemnización solicitada en un supuesto de inclusión en un registro de morosos en atención al escaso importe de la deuda por la que este fue incluido sino que el juzgador deberá tomar en consideración las circunstancias concurrentes y muy especialmente la gravedad del daño moral en relación con la grave obstaculización que dicha inclusión supone respecto de acceso al crédito y la afectación a la imagen de solvencia patrimonial de la persona incluida en el referido fichero.

> **CUESTIÓN**
>
> **¿Qué ocurrirá con el importe de la indemnización por el daño moral en aquellos supuestos en los que se haya ejercitado la acción civil de protección del honor de una persona fallecida?**
>
> En estos supuestos, el importe de la indemnización por el daño moral corresponderá al cónyuge, descendientes, ascendientes y hermanos de la persona afectada que viviese al tiempo de su fallecimiento y, en su defecto, a sus causahabientes, en la proporción en que la sentencia estime que han sido ofendidos. Sin embargo, en aquellos supuestos en los que, por haber fallecido el titular del derecho lesionado sin haber podido ejercitar las acciones previstas en la LO 1/1982, de 5 de mayo, (por las circunstancias en que la lesión se produjo) y esta acción se hubiere ejercitado por la persona designada en el testamento del lesionado o por las personas antedichas, o estas continúen la acción ya entablada por el titular del derecho lesionado cuando falleciere, la indemnización se entenderá comprendida en la herencia del perjudicado.

Por otro lado, en los supuestos de intromisión ilegítima en los derechos de las víctimas de un delito por el condenado en sentencia penal firme, la indemnización corresponderá a los ofendidos o perjudicados por el delito que hayan ejercitado la acción y, de haberse ejercitado esta por el Ministerio Fiscal, este podrá solicitar la indemnización para todos los perjudicados que hayan resultado debidamente identificados y no hayan renunciado expresamente a ella.

Caducidad de la acción de protección frente a intromisiones ilegítimas al honor

La Ley Orgánica 1/1982, de 5 de mayo, establece un plazo de caducidad para el ejercicio la acción de protección frente a las intromisiones ilegítimas señalando su caducidad transcurridos **cuatro años** desde el que el legitimado pudo ejercitarlas. Así pues, y a tenor de la caducidad a la que claramente alude el precepto, **el plazo no se interrumpe** por la incoación de actuaciones penales por los mismos hechos, como tampoco se interrumpirá por la incoación de un expediente administrativo sancionador por infracción de las normas sobre protección de datos si, por ejemplo, la acción ejercitada se llevara a cabo frente a la intromisión ilegítima en el derecho al honor por inclusión indebida en un registro de morosos. (**STS n.º 307/2014, de 4 de junio, ECLI:ES:TS:2014:2145**).

Sentado lo anterior, la duda radica en el **inicio del cómputo del plazo de caducidad**, y como señala la **sentencia del Tribunal Supremo n.º 596/2019, de 7 de noviembre, ECLI:ES:TS:2019:3524**, hay que entender que el legitimado puede ejercitarlas, (y por tanto el plazo de ejercicio de la acción comienza a correr) **desde que tuvo cabal conocimiento del mismo y pudo medir su trascendencia mediante un pronóstico razonable**.

Así, encontramos, por ejemplo, la doctrina sentada por nuestro Tribunal Supremo a través de la sentencia n.º 727/2008, de 17 de julio, ECLI:ES:TS:2008:3827, que equipara la fecha de la publicación con la fecha en la que se puede ejercer la acción salvo que el demandante pruebe la imposibilidad de conocimiento en ese momento, carga de la prueba que corresponde al demandante, por ser el ejercicio dentro del plazo de caducidad previsto en la norma un presupuesto o requisito esencial de la acción.

En este sentido, debe recordarse que la jurisprudencia distingue entre daños permanentes y daños continuados:

– **Daño duradero o permanente**: se produce en un momento determinado, pero persiste a lo largo del tiempo, con la posibilidad, incluso, de agravarse por factores ya ajenos a la acción u omisión del demandado. En caso de daño duradero o permanente, el plazo de ejercicio de la acción comienza a correr «desde que lo supo el agraviado», como dispone el ordinal segundo del artículo 1968 del Código Civil, es decir, desde que el afectado tuvo cabal conocimiento del mismo y pudo medir su trascendencia mediante un pronóstico razonable. Así, por ejemplo, tendrá la consideración de daño permanente la **publicación de una obra** considerada ofensiva por el afectado.

CUESTIÓN

La publicación de una obra en Internet y no solo en papel, ¿modifica la calificación de los daños?

La publicación de la obra en Internet y no solo en papel no modifica la calificación de los daños, que siguen siendo, en principio, de carácter permanente, no continuado, sin perjuicio de que la mayor difusión que pueda alcanzar por este medio pueda ser tomada en consideración a otros efectos, como la gravedad del daño causado. (STS n.º 596/2019, de 7 de noviembre, ECLI:ES:TS:2019:3524).

– **Daños continuados**: son daños de producción sucesiva causados por una conducta continuada en el tiempo, sin que se inicie el plazo de prescripción hasta la producción del resultado definitivo. Si bien ha de matizarse que esto es así cuando no es posible fraccionar en etapas diferentes o hechos diferenciados la producción de los daños. Así, por ejemplo, los daños producidos por la **inclusión indebida de datos personales en un fichero de solvencia patrimonial** tienen naturaleza de daños continuados, en los que la causa que origina la intromisión en el derecho al honor (la imputación de ser moroso) persiste durante el tiempo en su eficacia potencialmente lesiva del honor ajeno **hasta que no se cancela o se produce la baja del demandante en los citados registros. (STS n.° 596/2019, de 7 de noviembre, ECLI:ES:TS:2019:3524).**

CUESTIÓN

«I» publica, en el año 2016, un relato en formato papel. Posteriormente, a lo largo de los años 2020 y 2021, lleva a cabo una cabo una campaña de publicación del meritado relato a través de diferentes redes sociales (blog personal, Facebook y Twitter). La sociedad «LR», en fecha 26 de mayo de 2021, formula demanda de juicio ordinario de la acción de protección contenida en la LO 1/1982, de 5 de mayo, por entender que la difusión del relato que «I» había realizado tanto en formato papel como en el blog y a través de canales como Twitter y Facebook, constituía una intromisión ilegítima en su derecho al honor. ¿Se encuentra caducada la acción ejercitada?

A tenor de lo previsto en el apartado 5 del artículo 9 de la LO 1/1982, de 5 de mayo, las acciones de protección frente a las intromisiones ilegítimas caducarán transcurridos cuatro años desde que el legitimado pudo ejercitarlas y, en este sentido, la STS n.° 727/2008, de 17 de julio, ECLI:ES:TS:2008:3827, equipara la fecha de la publicación con la fecha en la que se puede ejercer la acción.

Conforme a lo expuesto, si la conducta del demandando «I» se hubiera limitado a la publicación del relato en 2016, la acción estaría caducada. Sin embargo, y dado que «I», a lo largo del año 2020 y 2021 lleva a cabo una campaña de publicación del relato anteriormente publicado en papel, (esta vez, a través de su blog, Twitter y Facebook) la acción ejercitada por los daños producidos al actor, derivados de la intromisión ilegítima, no está caducada, a menos de los daños derivados de la publicación del relato llevada a cabo a lo largo de los años 2020 y 2021.

Resuelve un supuesto de autos como el práctico expuesto la **sentencia del Tribunal Supremo n.° 596/2019, de 7 de noviembre, ECLI:ES:TS:2019:3524**, mediante la que los magistrados señalan a continuación:

«(...) si la conducta del demandado se hubiera limitado a la publicación del relato en 2011, la acción estaría caducada, por más que factores ajenos a la conducta del demandado hubieran continuado o incluso agravado los daños sufridos por el afectado. Pero a lo largo de 2015 y 2016 el demandado llevó a cabo lo que denominó una 'campaña de publicación de la obra de teatro en las redes sociales'. Entendemos que se trata de una conducta relevante de difusión de la obra, diferenciada de la primera publicación llevada a cabo en 2011, que muestra la existencia de una conducta del demandado continuada en el tiempo, susceptible de producir daños de forma sucesiva respecto de la publicación original, que determina que la acción de protección del derecho al honor no esté caducada, al menos respecto de las acciones llevadas a cabo en 2015 y 2016, que constituyen una etapa diferenciada respecto de la primera publicación».

Procedimiento del art. 249.1.2.º de la LEC

Como hemos dicho, es en el ordinal 2.º del apartado 1 del artículo 249 de la Ley de Enjuiciamiento Civil donde nuestro ordenamiento jurídico sienta el cauce legal que habrá de seguirse en la tutela civil del derecho al honor, a la intimidad y a la propia imagen:

«1. Se decidirán en el **juicio ordinario, cualquiera que sea su cuantía:** (...) 2.º Las que pretendan la **tutela del derecho al honor, a la intimidad y a la propia imagen, y las que pidan la tutela judicial civil de cualquier otro derecho fundamental, salvo** las que se refieran al derecho de rectificación. En estos procesos, será siempre parte el Ministerio Fiscal y su tramitación tendrá carácter preferente».

Conforme a lo dispuesto en el mentado precepto este proceso tendrá carácter preferente y en el mismo será siempre parte el Ministerio Fiscal. Así pues, habremos de estar a la regulación dada en los artículos 399 a 436 de la Ley de Enjuiciamiento Civil, preceptos reguladores del juicio ordinario.

> **A TENER EN CUENTA.** Tanto el artículo 399 como el artículo 436 de la LEC han sido modificados por el Real Decreto-ley 6/2023, de 19 de diciembre, con entrada en vigor el 20 de marzo de 2024.

CUESTIÓN

¿La falta de asistencia del Ministerio Fiscal podrá determinar la nulidad de actuaciones del proceso?

Es cierto que el artículo 249.1.2.º de la LEC establece que en los procesos ordinarios sobre protección de derechos fundamentales será parte el Ministerio Fiscal. Sin embargo, y siguiendo el criterio establecido en la sentencia dictada por la **Audiencia Provincial de Madrid, rec. 396/2013, de 21 de noviembre de 2013, ECLI:ES:APM:2013:21170,** no debemos confundir el derecho del Ministerio Fiscal a ser parte en el procedimiento y, por lo tanto, a ser emplazado para contestar a la demanda, como citado a la audiencia previa y al acto del juicio, con el hecho de que su no comparecencia voluntaria a cualquiera de dichos actos sea motivo de nulidad de actuaciones, toda vez que la condición de parte del M.º Fiscal, no implica que deba producirse de forma inexorable su presencia, dada que la ausencia voluntaria del representante del M.º Fiscal al acto del juicio, ninguna infracción produce de ninguna norma esencial del procedimiento a los efectos de que determine la nulidad de actuaciones, cuestión distinta es que cualquiera de las partes, incluido el M.º Fiscal no hubieran asistido al acto del juicio, bien porque no hayan sido citados, o bien porque habiendo solicitado la suspensión por alguna de las causas previstas en el artículo 188 de la LEC, el órgano judicial no haya accedido indebidamente a la suspensión, pero no en aquellos casos en los que la no comparecencia de cualquiera de las partes, es voluntaria, por lo que en modo alguno el hecho de que no haya comparecido al acto del juicio, ni haya formulado por escrito algún tipo de conclusión implique ningún tipo de nulidad de actuaciones.

Ostentarán la legitimación activa los titulares de los derechos protegidos en el ámbito de la Ley Orgánica 1/1982, de 5 de mayo, frente a los que se hayan producido las intromisiones ilegítimas establecidas en la misma ley orgánica.

A estos efectos, recordamos que podrán ser titulares de los derechos de protección al honor, a la intimidad y a la propia imagen las personas físicas y jurídicas a excepción del Estado y, en general, las personas jurídicas de derecho público no tienen, como regla, derechos fundamentales, sino competencias.

Asimismo, y como ya hemos visto, también ostentarán legitimación, en aquellos supuestos en los que el titular del derecho haya fallecido, los sujetos previstos en el art. 6 de la Ley Orgánica 1/1982, de 5 de mayo.

Por su parte, la legitimación pasiva corresponderá a la persona física o jurídica que haya llevado a cabo la intromisión ilegítima, causante del daño.

En lo que concierne a la **competencia territorial**, habrá que estar a lo dispuesto en el apdo. 6 del artículo 52 de la Ley Enjuiciamiento Civil: «En materia de derecho al honor, a la intimidad personal y familiar y a la propia imagen y, en general, en materia de protección civil de derechos fundamentales, será competente el tribunal del domicilio del demandante, y cuando no lo tuviere en territorio español, el tribunal del lugar donde se hubiera producido el hecho que vulnere el derecho fundamental de que se trate». Se fija así como fuero principal el del domicilio del demandante que alega conculcación de un derecho fundamental, por considerarlo el más idóneo al objeto no sólo de evaluar el real perjuicio sufrido, también de poder oír directamente a los testigos o personas que puedan dar razón de conocimiento del menoscabo producido en el ámbito personal, familiar o profesional del afectado **(SAP de Palencia n.º 129/2005, de 4 de mayo, ECLI:ES:APP:2005:125)**.

En el caso de obtener una sentencia estimatoria, junto al reconocimiento del derecho vulnerado, la sentencia ordenará las medidas necesarias a adoptar al objeto del restablecimiento del derecho vulnerado por la intromisión, el cese inmediato de la misma y la reposición al estado anterior. En cuanto a los medios de impugnación, cabrá interponer los recursos ordinarios (apelación y casación) y, en su caso, el recurso constitucional de amparo.

2.
LEY ORGÁNICA 2/1984, DE 26 DE MARZO, DEL EJERCICIO DEL DERECHO DE RECTIFICACIÓN

El **derecho de rectificación** se encuentra regulado en la Ley Orgánica 2/1984, de 26 de marzo. En su artículo primero, primer párrafo, se establece lo siguiente:

> «Toda persona, natural o jurídica tiene derecho a rectificar la información difundida, por cualquier medio de comunicación social, de hechos que le aludan, que considere inexactos y cuya divulgación pueda causarle perjuicios».

La **Audiencia Provincial de Madrid en la sentencia n.º 401/2019, de 8 de noviembre, ECLI:ES:APM:2019:16575**, se pronuncia estableciendo que en el ámbito del derecho de rectificación habrá que deslindar si la persona natural o jurídica que acciona la defensa del meritado derecho, ostenta la posición de perjudicada o aludida por una información que le puede producir cierto daño o perjuicio, y si se ha ejercitado el derecho de rectificación en tiempo y forma, **debiendo quedar fuera del ámbito de valoración si el posible contenido de la información difundida es o no veraz.**

Así, en este sentido, señala que:

> «La doctrina del Tribunal Constitucional, sentencias 168/1986, de 22 de diciembre y 99/2011, de 20 de junio, establecen que para que proceda la rectificación no es preciso que se demuestre la inveracidad de la información publicada. La publicación de la rectificación no supone que el medio informativo deba declarar que la información que publicó era incierta ni a modificar su contenido. La simple inserción de una versión de los hechos distinta y contradictoria ni siquiera limita la facultad del medio de ratificarse en la información inicialmente suministrada o, en su caso, aportar y divulgar todos aquellos datos que la confirmen o avalen. La imposición de la inserción de la rectificación no implica la exactitud de su contenido, pues la decisión judicial que ordena dicha inserción no puede acreditar, por la propia naturaleza del derecho ejercitado y los límites procesales en

que se desenvuelve la acción de rectificación, la veracidad de aquélla. La procedencia de la rectificación no otorga ninguna carta de autenticidad a la versión ofrecida por quien ejercita el derecho. La rectificación opera como un complemento de la información que se ofrece a la opinión pública, mediante la aportación de una 'contraversión' sobre hechos por el sujeto que ha sido implicado por la noticia difundida por un medio de comunicación. El derecho de rectificación constituye un derecho autónomo de tutela del propio patrimonio moral, a la vez que opera como instrumento de contraste informativo que supone 'un complemento de la garantía de libre formación de la opinión pública'».

Por último, la **sentencia del Tribunal Supremo n.º 594/2019, de 7 de noviembre, ECLI:ES:TS:2019:3700**, precisa que **las expresiones del tipo «no es cierto...», «es incorrecto...» u otras similares, no son opiniones o juicios de valor excluidos del derecho de rectificación**, sino fórmulas que permiten introducir la rectificación de cada uno de los datos de la información considerados inexactos.

2.1. Legitimación y ejercicio del derecho de rectificación

Como señala el **párrafo 2.º del art. 1 de la Ley Orgánica 2/1984, de 26 de marzo**, se encuentran **legitimados** para ejercitar el derecho de rectificación:

- Perjudicado aludido.
- Representante del perjudicado.
- Herederos o representantes de estos si el perjudicado hubiera fallecido.

Ejercicio del derecho de rectificación

Por su parte, el artículo segundo de la LO 2/1984, de 26 de marzo, establece que:

> «El derecho se ejercitará mediante la remisión del escrito de rectificación al director del medio de comunicación **dentro de los siete días naturales siguientes** al de publicación o difusión de la información que se desea rectificar, de forma tal que permita tener constancia de su fecha y de su recepción.
> La rectificación deberá limitarse a los hechos de la información que se desea rectificar. Su extensión no excederá sustancialmente de la de ésta, salvo que sea absolutamente necesario».

Por otra parte, a tenor de lo dispuesto en el artículo tercero de la mencionada ley, el director del **medio de comunicación social deberá publicar o difundir íntegramente la rectificación dentro de los tres días siguientes al de su recepción, sin comentarios ni apostillas**. En relación con esta publicación habrá que estar a lo siguiente:

- **Si la información que se rectifica se difundió en publicación cuya periodicidad no permita la divulgación de la rectificación en el plazo expresado, se publicará en el número siguiente.**

- Asimismo, **si la noticia o información que se rectifica se difundió en espacio radiofónico o de televisión que no permita, por la periodicidad de su emisión, divulgar la rectificación en el plazo de tres días, podrá exigir el rectificante que se difunda en espacio de audiencia y relevancia semejantes, dentro de dicho plazo.**

- La **publicación de la rectificación será siempre gratuita.**

Por lo tanto, la rectificación por parte del medio de comunicación debe cumplir los requisitos de **relevancia, completitud y claridad.**

Si en los plazos señalados anteriormente no se hubiera publicado o divulgado la rectificación, o se hubiese notificado expresamente por el director o responsable del medio de comunicación social que aquélla no será difundida, o bien, se haya publicado o divulgado sin respetar lo dispuesto en el artículo 3 de la Ley Orgánica, 2/1984, de 26 de marzo, podrá **el perjudicado ejercitar la acción de rectificación dentro de los siete días hábiles siguientes ante el juez de primera instancia de su domicilio o ante el del lugar donde radique la dirección del medio de comunicación.**

JURISPRUDENCIA

Sentencia del Tribunal Supremo n.º 80/2017, de 14 de febrero de 2018, ECLI:ES:TS:2018:1615

«(...) el derecho fundamental de rectificación se encuentra directamente relacionado con la tutela del honor y, especialmente, con la tutela de la libertad de información; que su objeto son los hechos (no las opiniones) que, afectando al demandante, este considere inexactos y cuya divulgación pueda causarle un perjuicio; que la función de control jurídico del derecho de rectificación por parte del órgano judicial permite, superando la tesis del "todo o la nada", que se pueda acordar la publicación parcial del escrito de rectificación, excluyendo las opiniones o juicios de valor, es decir, aquella parte que no se limite a los hechos; que por ser habitual que opiniones e informaciones se mezclen, no cabe dificultar la tarea de control jurídico del órgano judicial exigiéndole una especie de censura en extremo minuciosa, por lo que será el resultado del juicio de ponderación lo que determine la procedencia o no de reducir el escrito de rectificación (sentencia 376/2017); y finalmente, en línea con lo anterior, que del mismo modo que no puede exigirse a quien rectifica una precisión mucho más rigurosa que al informador, tampoco cabe reprochar a quien rectifica una precisión en los hechos que rebata los datos precisos en que se apoye la información, lo que entraña que en la rectificación se puedan comprender no solo los hechos objeto de información sino también aquellos otros que, por su estrecha relación con los que fueran objeto de la información, contribuyan a reforzar su negación (precisión contenida en la sentencia 570/2017)».

En cuanto al **éxito de la acción de rectificación**, este precisa la concurrencia de los siguientes requisitos, los cuales recoge la **sentencia de la Audiencia Provincial de Madrid n.º 356/2010, de 26 de mayo, ECLI:ES:APM:2010:8407,** y son:

- Que haya una «**información**» pública, de lo que se deriva que **solo puede ejercitarse el derecho cuando se publiquen «hechos»,** por lo que **no cabe invocar rectificaciones de opiniones, valoraciones o juicios subjetivos de valor.**

- Que la información **se considere inexacta por el afectado, no siendo preciso que el demandante pruebe la inexactitud del texto periodístico.**

- Que la información **aluda al solicitante.**

- Que **la información perjudique a su honor o en cualquier caso otro derecho o interés legítimo.**

- Que **la información u otra similar no contenga ya la versión de los hechos del aludido.**

En esta línea, la **sentencia de la Audiencia Provincial de Madrid n.º 171/2019, de 16 de abril, ECLI:ES:APM:2019:13145,** en cita de la **sentencia del Tribunal Constitucional n.º 168/1986, de 22 de diciembre, ECLI:ES:TC:1986:168,** señala que, por su propia naturaleza, la acción de rectificación no puede prosperar en los siguientes casos:

- Cuando **se pretende rectificar opiniones y juicios de valor, dado que el ámbito de este derecho queda constreñido a las informaciones fácticas.**

- Cuando **la información divulgada aparece cierta de toda evidencia.**

- Cuando la **rectificación no se encamine a rectificar el hecho divulgado,** es decir a constatar su carácter de hecho erróneo o a reducirlo a su propia, verdadera y debida exactitud, o cuando la rectificación carece de toda verosimilitud, es decir, no tiene apariencia de verdadera no resulta **creíble.**

- Cuando **resulta evidente que la información publicada y divulgada no puede causar perjuicio al demandante.**

Por tanto, **la rectificación constituye un derecho subjetivo que, además de su función autónoma, puede ser el preludio del posterior ejercicio de las acciones civiles o procesales correspondientes.**

La acción de rectificación se ejercitará mediante escrito, **sin necesidad de abogado ni procurador,** acompañando la rectificación y la justificación de que se remitió en el plazo señalado, se presentará igualmente la información rectificada si se difundió por escrito y, en otro caso, reproducción o descripción de la misma tan fiel como sea posible.

El juez, de oficio y sin audiencia del demandado, dictará auto no admitiendo a trámite la demanda si se considera incompetente o estima la rectificación manifiestamente improcedente. En otro caso, **convocará al rectificante, al director del medio de comunicación o a sus representantes a juicio verbal, que se celebrará dentro de los siete días siguientes a la petición.** La convocatoria se hará telegráficamente, sin perjuicio de la urgente remisión, por cualquier otro medio, de la copia de la demanda a la parte demandada.

Cuando el juez de primera instancia hubiese declarado su incompetencia, podrá el perjudicado acudir al órgano competente dentro de los siete días hábiles siguientes al de la fecha de notificación de la correspondiente resolución, en la cual se deberá expresar el órgano al que corresponda el conocimiento del asunto.

2.2. Tutela judicial: juicio verbal

Con respecto al juicio, de acuerdo con el **artículo 6 de la Ley Orgánica 2/1984, de 27 de marzo**, este se tramitará conforme a lo establecido en la Ley de Enjuiciamiento Civil para los juicios verbales con las siguientes **especialidades**:

- **El juez podrá reclamar de oficio que el demandado remita o presente la información enjuiciada, su grabación o reproducción escrita.**

- **Solo se admitirán las pruebas que, siendo pertinentes, pueden practicarse en el acto.**

- La **sentencia se dictará en el mismo día o al día siguiente del juicio.**

El fallo se limitará a denegar la rectificación y a ordenar su publicación o difusión en la forma y plazos previstos en el artículo 3 de la Ley Orgánica 2/1984, de 27 de marzo desde la notificación de la sentencia que impondrá el pago de las costas a la parte cuyos pedimentos hubiesen sido totalmente rechazados.

La **sentencia estimatoria de la petición de rectificación deberá cumplirse en sus propios términos.**

A TENER EN CUENTA. El objeto de este proceso es compatible con el ejercicio de acciones penales o civiles de otra naturaleza que pudieran asistir al perjudicado por los hechos difundidos.

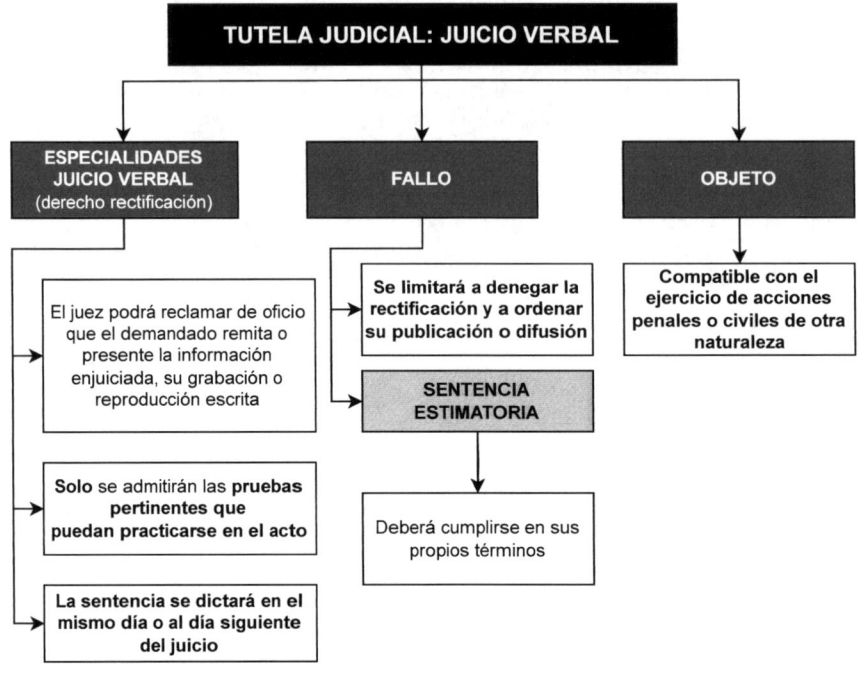

Asimismo, **no será necesaria la reclamación gubernativa previa cuando la información que se desea rectificar se haya publicado o difundido en un medio de comunicación de titularidad pública.**

No serán susceptibles de recurso alguno las resoluciones que dicte el juez en este proceso, salvo el auto que inadmite a trámite la demanda si se considera incompetente o estima la rectificación manifiestamente improcedente, que será susceptible de recurso de apelación, que se sustanciará sin audiencia del demandado.

La sentencia será apelable en un solo efecto, dentro de los tres y cinco días siguientes, respectivamente, al de su notificación, conforme a lo dispuesto en las secciones primera y tercera del título sexto del libro II de la LEC.

3.
DOCTRINA DEL TRIBUNAL CONSTITUCIONAL: EL CONFLICTO ENTRE EL DERECHO AL HONOR Y LA LIBERTAD DE EXPRESIÓN

Con carácter previo a realizar el análisis de la doctrina constitucional, resulta interesante llevar a cabo una delimitación jurídica de los conceptos objeto de conflicto.

Derecho al honor

En primer lugar, el artículo 18 de la Constitución española reconoce el derecho al honor, cuando establece:

«1. Se garantiza el derecho al honor, a la intimidad personal y familiar y a la propia imagen.

2. El domicilio es inviolable. Ninguna entrada o registro podrá hacerse en él sin consentimiento del titular o resolución judicial, salvo en caso de flagrante delito.

3. Se garantiza el secreto de las comunicaciones y, en especial, de las postales, telegráficas y telefónicas, salvo resolución judicial.

4. La ley limitará el uso de la informática para garantizar el honor y la intimidad personal y familiar de los ciudadanos y el pleno ejercicio de sus derechos».

Por su parte, el artículo 1 de la Ley Orgánica 1/1982, de 5 de mayo, de protección civil del derecho al honor, a la intimidad personal y familiar y a la propia imagen, señala:

«Uno. El derecho fundamental al honor, a la intimidad personal y familiar y a la propia imagen, garantizado en el artículo dieciocho de la Constitución, será protegido civilmente frente a todo género de intromisiones ilegítimas, de acuerdo con lo establecido en la presente Ley Orgánica.

Dos. El carácter delictivo de la intromisión no impedirá el recurso al procedimiento de tutela judicial previsto en el artículo 9.º de esta Ley. En cualquier caso, serán aplicables los criterios de esta Ley para la determinación de la responsabilidad civil derivada de delito.

Tres. El derecho al honor, a la intimidad personal y familiar y a la propia imagen es irrenunciable, inalienable e imprescriptible. La renuncia a la protección prevista en esta ley será nula, sin perjuicio de los supuestos de autorización o consentimiento a que se refiere el artículo segundo de esta ley».

El Tribunal Supremo en la sentencia n.º 135/2014, de 21 de marzo, ECLI:ES:TS:2014:2394, recoge la doctrina jurisprudencial al disponer:

«El artículo 7.7 LPDH define el derecho al honor en un sentido negativo, desde el punto de vista de considerar que hay intromisión por la imputación de hechos o la manifestación de juicios de valor a través de acciones o expresiones que de cualquier modo lesionen la dignidad de otra persona, menoscabando su fama o atentando contra su propia estimación. **Doctrinalmente se ha definido como dignidad personal reflejada en la consideración de los demás y en el sentimiento de la propia persona.** Según reiterada jurisprudencia (SSTS de 16 de febrero de 2010 y 1 de junio de 2010) "...es preciso que **el honor se estime en un doble aspecto,** tanto en un aspecto interno de íntima convicción -inmanencia- como en un aspecto externo de valoración social - trascendencia- y sin caer en la tendencia doctrinal que proclama la minusvaloración actual de tal derecho de la personalidad".

Como ha señalado reiteradamente el Tribunal Constitucional (SSTC 180/1999, de 11 de octubre, FJ 4, 52/2002, de 25 de febrero, FJ 5 y 51/2008, de 14 de abril, FJ 3) el honor constituye un "concepto jurídico normativo cuya precisión depende de las normas, valores e ideas sociales vigentes en cada momento". Este Tribunal ha definido su contenido afirmando que este derecho protege frente a atentados en la reputación personal entendida como la apreciación que los demás puedan tener de una persona, independientemente de sus deseos (STC 14/2003, de 28 de enero, FJ 12), impidiendo la difusión de expresiones o mensajes insultantes, insidias infamantes o vejaciones que provoquen objetivamente el descrédito de aquella (STC 216/2006, de 3 de julio, FJ 7).

El derecho al honor, según reiterada jurisprudencia, se encuentra limitado por las libertades de expresión e información.

La limitación del derecho al honor por las libertades de expresión e información tiene lugar cuando se produce un conflicto entre ambos derechos, el cual debe ser resuelto mediante técnicas de ponderación, teniendo en cuenta las circunstancias del caso (SSTS de 12 de noviembre de 2008, RC n.º 841/2005, 19 de septiembre de 2008, RC n.º 2582/2002, 5 de febrero de 2009, RC n.º 129/2005, 19 de febrero de 2009, RC n.º 2625/2003, 6 de julio de 2009, RC n.º 906/2006, 4 de junio de 2009, RC n.º 2145/2005, 25 de octubre de 2010, RC n.º 88/2008, 15 de noviembre de 2010, RC n.º 194/2008 y 22 de noviembre de 2010, RC n.º 1009/2008)».

Libertad de expresión

El Diccionario de español jurídico, de la mano del artículo 20 de la Constitución española, define la libertad de expresión como la «libertad que comprende las facultades que puede ejercer un ciudadano como titular del derecho a la comunicación y que comprende la liberad de "expresar y difundir libremente los pensamientos, ideas y opiniones mediante la palabra, el escrito o cualquier otro medio de reproducción"; la libertad de "producción y creación literaria, artística, científica y técnica"; la "libertad de cátedra"; y la libertad de "comunicar libremente información veraz por cualquier medio de difusión"».

La **sentencia del Tribunal Constitucional n.° 89/2018, de 6 de septiembre, ECLI:ES:TC:2018:89**, recoge la jurisprudencia consolidada esgrimida por la Sala respecto al derecho a la libertad de expresión señalando que:

> «Según jurisprudencia consolidada, el derecho a la libertad de expresión tiene por objeto la libre expresión de pensamientos, ideas y opiniones, concepto amplio dentro del cual deben incluirse las creencias y juicios de valor. Según hemos dicho con reiteración, este derecho comprende la crítica de la conducta de otro, aun cuando la misma sea desabrida y pueda molestar, inquietar o disgustar a quien se dirige (SSTC 6/2000, de 17 de enero, FJ 5; 49/2001, de 26 de febrero, FJ 4, y 204/2001, de 15 de octubre, FJ 4), pues "así lo requieren el pluralismo, la tolerancia y el espíritu de apertura, sin los cuales no existe 'sociedad democrática' (SSTEDH de 23 de abril de 1992, Castells c. España, § 42, y de 29 de febrero de 2000, Fuentes Bobo c. España, § 43). Fuera del ámbito de protección de dicho derecho se sitúan las frases y expresiones ultrajantes u ofensivas, sin relación con las ideas u opiniones que se expongan, y por tanto, innecesarias a este propósito, dado que el artículo 20.1 a) CE no reconoce un pretendido derecho al insulto, que sería, por lo demás incompatible con la norma fundamental"»

El TC en su otra **sentencia n.° 49/2001, de 26 de febrero, ECLI:ES:TC:2001:49**, apunta que «(...) la crítica legítima en asuntos de interés público ampara incluso aquéllas que puedan molestar, inquietar, disgustar o desabrir el ánimo de una persona, pero hemos matizado que no puede estar amparado por la libertad de expresión quien, al criticar una determinada conducta, emplea expresiones que resultan lesivas para el honor de quien es objeto de la crítica, aun cuando ésta tenga un carácter público (STC 3/1997, FJ 6)».

CUESTIONES

1. ¿Qué diferencia encontramos entre el derecho a la libertad de expresión y el derecho a la libertad de información?

La libertad de expresión es más amplia que la libertad de información al no operar, en el ejercicio de aquella, el límite interno de veracidad que es aplicable a esta. El Tribunal Constitucional viene distinguiendo, desde la **STC n.° 104/1986, de 17 de julio, ECLI:ES:TC:1986:104**, entre el derecho que garantiza la libertad de expresión, cuyo objeto son los pensamientos, ideas y opiniones concepto amplio que incluye las apreciaciones y los juicios de valor, y el derecho a la libertad de información, el cual se refiere a la difusión de aquellos hechos que merecen ser considerados noticiables.

En este sentido, a tenor de lo dispuesto en las **STC n.º 50/2010, de 4 de octubre, ECLI:ES:TC:2010:50, y n.º 79/2014, de 28 de mayo, ECLI:ES:TC:2014:79,** entre otras, esta distinción entre pensamientos, ideas y opiniones, de un lado, y comunicación informativa de hechos, de otro, tiene una importancia decisiva a la hora de determinar la legitimidad del ejercicio de esas libertades, pues mientras los hechos son susceptibles de prueba, las opiniones o juicios de valor, por su misma naturaleza, no se prestan a una demostración de exactitud, y ello hace que, al que ejercita la libertad de expresión no le sea exigible la prueba de la verdad o diligencia en su averiguación, que condiciona, en cambio, la legitimidad del derecho de información por expreso mandato constitucional, que ha añadido al término «información», en el texto del artículo 20.1 d) de la Constitución Española, el adjetivo «veraz».

2. ¿Qué requisitos se requieren en el cumplimiento del deber de veracidad?

El deber de veracidad ha de entenderse como el resultado de una razonable diligencia por parte del informador a la hora de contrastar la noticia de acuerdo con pautas profesionales y ajustándose a las circunstancias del caso, faltando esa diligencia cuando se transmiten como hechos verdaderos simples rumores carentes de constatación o meras invenciones.

Conforme a lo expuesto, según la **sentencia del Tribunal Supremo n.º 227/2021, de 27 de abril, ECLI:ES:TS:2021:1605,** podemos concluir que lo exigible al profesional de la información es una actuación razonable en la comprobación de los hechos para no defraudar el derecho de todos a recibir una información veraz, reputándose veraz si se basó en fuentes objetivas y fiables, perfectamente identificadas y susceptibles de contraste, de modo que las conclusiones alcanzadas por el informador a partir de los datos contrastados que resulten de aquellas sean conclusiones a las que el lector o espectador medio hubiera llegado igualmente con los mismos datos. Por el contrario, se reputará no veraz la información que se apoye en conclusiones derivadas de meras especulaciones, en rumores sin fundamento, carentes de apoyo en datos objetivos extraídos de fuentes igualmente objetivas y fiables que estuvieran al alcance del informador. De ahí que, cuando la fuente que proporciona la noticia reúne características objetivas que la hacen fidedigna, seria o fiable, pueda no ser necesaria una comprobación mayor que la exactitud o identidad de la fuente, máxime si esta puede mencionarse en la información misma.

La delimitación entre los derechos a la libertad de información y expresión, por una parte, y el derecho al honor de otra, ha venido siendo cuestión de disputa y colisión. De hecho, el propio texto constitucional, advierte, en el apartado 4 de su artículo 20, que el derecho a la libertad de información y expresión, encuentran su límite en el derecho al honor, la intimidad y la propia imagen:

«Estas libertades tienen su límite en el respeto a los derechos reconocidos en este Título, en los preceptos de las leyes que lo desarrollen y, especialmente, en el derecho al honor, a la intimidad, a la propia imagen y a la protección de la juventud y de la infancia».

Evolución doctrinal

El conflicto entre el derecho al honor y el derecho a la libertad de expresión ha tenido una evolución doctrinal que, en base a la jurisprudencia emanada del Tribunal Constitucional y el Tribunal Supremo, puede asentarse en tres fases. En un primer momento, prevalecía el derecho al honor sobre el derecho a la libertad de expresión e información. Posteriormente, se pasa al extremo opuesto, donde, a tenor de la jurisprudencia, han de ponderarse, caso por caso, los intereses en conflicto, pero se reconoce la prevalencia del derecho a la libertad de expresión e información sobre el derecho al honor.

Antes de explicar cada una de las fases, resulta interesante mencionar la **sentencia del Tribunal Constitucional n.º 8/2022, de 27 de enero, ECLI:ES:TC:2022:8**, donde se señala que:

> «El Tribunal Constitucional ha tenido ocasión de elaborar una amplia y plenamente consolidada doctrina sobre el derecho al honor (art. 18.1 CE), la libertad de información [art. 20.1 d) CE] y la eventual confluencia conflictiva de tales derechos. De hecho, esta última situación ya se encuentra prevista en el art. 20.4 CE cuando establece que la libertad de información y el resto de los derechos y libertades previstos en este precepto "tienen su límite en el respeto a los derechos reconocidos en este título, en los preceptos de las leyes que lo desarrollen y, especialmente, en el derecho al honor, a la intimidad, a la propia imagen y a la protección de la juventud y de la infancia".
>
> Con carácter general, hemos sostenido que el derecho al honor es "un concepto jurídico cuya precisión depende de las normas, valores e ideas sociales vigentes en cada momento" (STC 112/2000, de 5 de mayo, FJ 6, también STC 180/1999, de 11 de octubre, FFJJ 4 y 5, y las sentencias allí citadas), que garantiza, en términos positivos, "la buena reputación de una persona, protegiéndola frente a expresiones o mensajes que lo hagan desmerecer en la consideración ajena al ir en su descrédito o menosprecio o que sean tenidas en el concepto público por afrentosas" (STC 216/2013, de 19 de diciembre, FJ 5) y proscribe el "ser escarnecido o humillado ante sí mismo o ante los demás" (STC 127/2004, de 19 de julio, FJ 5), proyectándose también sobre la vida profesional del sujeto, "vertiente esta de la actividad individual que no podrá ser, sin daño para el derecho fundamental, menospreciada sin razón legítima, con temeridad o por capricho" (STC 65/2015, de 13 de abril, FJ 3)».

‖ Primera fase

Como se ha expuesto en el párrafo anterior, en un primer momento, la interpretación de los intereses en conflicto otorgaba la prevalencia al derecho al honor frente a la libertad de expresión. En este sentido, la jurisprudencia indicaba que la libertad de expresión no es un derecho ilimitado, puesto que, según el **Tribunal Constitucional en la sentencia n.º 120/1983, de 15 de diciembre, ECLI:ES:TC:1983:120**, «se encuentra sometido a los límites que el art. 20.4 de la propia Constitución establece, y en concreto, a la necesidad de respetar el honor de las personas, que también como derecho fundamental consagra el art. 18.1».

Así pues, puede apreciarse que el Tribunal Constitucional en esta primera fase llevaba a cabo una interpretación literal del artículo 20.4 de la Constitución Española que determina el límite del derecho de libertad de expresión en el resto de los derechos fundamentales que se recogen en la CE y, especialmente, en el derecho al honor, a la intimidad, a la propia imagen y a la protección de la juventud y de la infancia.

‖ Segunda fase

En esta segunda fase, la jurisprudencia se inclina en favor de una ponderación de los intereses que están en conflicto. En este sentido, el Tribunal Constitucional, en el caso en el que en el ejercicio del derecho a la libertad de expresión resulte afectado el derecho al honor, impone una necesaria y casuística ponderación entre ambos, entendiendo la misma como una operación de lógica jurídica aplicado a cada caso concreto y que, en principio, forma parte del conjunto de las facultades que son inherentes a la potestad de juzgar, privativa de los jueces y tribunales. Así, es importante citar la **sentencia del Tribunal Constitucional n.º 104/1986, de 17 de julio, ECLI:ES:TC:1986:104**, que establece lo siguiente:

> «El derecho al honor no es sólo un límite a las libertades del art. 20.1 a) y d), aquí en juego, citado como tal de modo expreso en el párrafo 4 del mismo artículo de la Constitución, sino que según el 18.1 de la Constitución es en sí mismo un derecho fundamental. Por consiguiente, cuando del ejercicio de la libertad de opinión [artículo 20.1 a)] y/o del de la libertad de comunicar información por cualquier medio de difusión [art. 20.1 d)] resulte afectado el derecho al honor de alguien, nos encontraremos ante un conflicto de derechos, ambos de rango fundamental, lo que significa que no necesariamente y en todo caso tal afectación del derecho al honor haya de prevalecer respecto al ejercicio que se haya hecho de aquellas libertades, ni tampoco siempre hayan de ser éstas consideradas como prevalentes, sino que se impone una necesaria y casuística ponderación entre uno y otras. Es cierto que el derecho al honor es considerado en el art. 20.4 (reproduciendo casi literalmente el inciso final del art. 5.2 de la Ley Fundamental alemana) como límite expreso de las libertades del 20.1 de la Constitución, y no a la inversa, lo que podría interpretarse como argumento en favor de aquél. Pero también lo es que las libertades del art. 20, como ha dicho este Tribunal, no sólo son derechos fundamentales de cada ciudadano, sino que significan "el reconocimiento y la garantía de una institución política fundamental, que es la opinión pública libre, indisolublemente ligada con el pluralismo político que es un valor fundamental y un requisito del funcionamiento del Estado democrático" (Sentencia del Tribunal Constitucional 12/1982, de 31 de marzo).
>
> Esta dimensión de garantía de una institución pública fundamental, la opinión pública libre, no se da en el derecho al honor; o, dicho con otras palabras, el hecho de que el art. 20 de la Constitución "garantiza el mantenimiento de una comunicación pública libre sin la cual quedarían vaciados de contenido real otros derechos que la Constitución consagra, reducidas a formas hueras las instituciones representativas y absolutamente falseado el principio de legitimidad democrática" (Sentencia del Tribunal Constitucional 6/1981, de 16 de marzo), otorga a las libertades del art. 20 una valoración que trasciende a la que es común y propia de todos los derechos fundamentales».

En el mismo sentido se pronunciaba el Tribunal Constitucional en la **sentencia n.º 105/1991, de 6 de junio, ECLI:ES:TC:1990:105**, advirtiendo que «en los supuestos de colisión de los derechos fundamentales de libertad de expresión e información, es lo cierto que no cabe hablar de prevalencia o supremacía de un derecho sobre el otro, sino que en cada caso concreto, los Tribunales habrán de fijar, en los casos de colisión, cuál de los derechos debe prevalecer en cada lugar».

‖ **Tercera fase**

En la actualidad, el Tribunal Constitucional se inclina por otorgar una continuidad a la labor de ponderación de los intereses en conflicto, peor ha de respetarse la posición prevalente que ostentan los derechos a la libertad de expresión e información sobre el derecho al honor, ya que resulta esencial como garantía para la formación de una opinión pública que sea libre e indispensable para el pluralismo político que exige el principio democrático. En este sentido, el **Tribunal Supremo en la sentencia n.º 170/2009, de 11 de marzo, ECLI:ES:TS:2009:938**, señala que:

> «La delimitación de la colisión ha de hacerse caso por caso, sin que puedan establecerse apriorísticamente límites o fronteras entre uno y otro derecho, -Sentencias de 13 de enero de 1999, 29 de julio de 2005 y 22 de julio de 2008 -, sin perjuicio de que esa tarea de ponderación tenga en cuenta "la posición prevalente, que no jerárquica o absoluta, que sobre los derechos denominados de la personalidad del artículo 18 de la C.E . ostentan los derechos a la libertad de expresión e información", en la medida en que estos últimos resultan esenciales como garantía de una opinión pública libre, la que a su vez es indispensable para el pluralismo político que exige un Estado social y democrático de derecho».

Criterios de prevalencia en casos de colisión entre la libertad de expresión y el derecho al honor

Antes de comenzar a analizar los criterios de prevalencia, resulta interesante hacer mención de la **sentencia del Tribunal Constitucional n.º 8/2022, de 27 de enero, ECLI:ES:TC:2022:8**, la cual apunta que:

> «El Tribunal Constitucional ha tenido ocasión de elaborar una amplia y plenamente consolidada doctrina sobre el derecho al honor (art. 18.1 CE), la libertad de información [art. 20.1 d) CE] y la eventual confluencia conflictiva de tales derechos. De hecho, esta última situación ya se encuentra prevista en el art. 20.4CE cuando establece que la libertad de información y el resto de los derechos y libertades previstos en este precepto "tienen su límite en el respeto a los derechos reconocidos en este título, en los preceptos de las leyes que lo desarrollen y, especialmente, en el derecho al honor, a la intimidad, a la propia imagen y a la protección de la juventud y de la infancia".
>
> Con carácter general, hemos sostenido que el derecho al honor es "un concepto jurídico cuya precisión depende de las normas, valores e ideas sociales vigentes en cada momento" (STC 112/2000, de 5 de mayo, FJ 6,

también STC 180/1999, de 11 de octubre, FFJJ 4 y 5, y las sentencias allí citadas), que garantiza, en términos positivos, "la buena reputación de una persona, protegiéndola frente a expresiones o mensajes que lo hagan desmerecer en la consideración ajena al ir en su descrédito o menosprecio o que sean tenidas en el concepto público por afrentosas" (STC 216/2013, de 19 de diciembre, FJ 5) y proscribe el "ser escarnecido o humillado ante sí mismo o ante los demás" (STC 127/2004, de 19 de julio, FJ 5), proyectándose también sobre la vida profesional del sujeto, "vertiente esta de la actividad individual que no podrá ser, sin daño para el derecho fundamental, menospreciada sin razón legítima, con temeridad o por capricho" (STC 65/2015, de 13 de abril, FJ 3)».

Asimismo, señala el Tribunal Constitucional que:

«Respecto a la trascendencia de la libertad de información, la STC 172/2020, de 19 de noviembre, recuerda que el libre ejercicio del derecho a comunicar o recibir libremente información veraz, consagrado en el art. 20 CE, "garantiza la formación y existencia de una opinión pública libre, 'garantía que reviste una especial trascendencia ya que, al ser una condición previa y necesaria para el ejercicio de otros derechos inherentes al funcionamiento de un sistema democrático, se convierte, a su vez, en uno de los pilares de una sociedad libre y democrática. Para que el ciudadano pueda formar libremente sus opiniones y participar de modo responsable en los asuntos públicos, ha de ser también informado ampliamente de modo que pueda ponderar opiniones diversas e incluso contrapuestas' (STC 159/1986, de 16 de diciembre, FJ 6; y SSTC 21/2000, de 31 de enero, FJ 4, y 52/2002, de 25 de febrero, FJ 4; en el mismo sentido, SSTEDH de 7 de diciembre de 1976, caso Handyside c. Reino Unido, § 49, y de 6 de mayo de 2003, caso Appleby y otros c. Reino Unido, § 39). El papel esencial que para el funcionamiento de la democracia desempeña la libertad de comunicar o recibir información determina que el objeto de protección del art. 10.1 CEDH, como señala el Tribunal Europeo de Derechos Humanos, abarque no solo la esencia de las ideas y la información expresada, sino también la forma en que se transmiten (STEDH de 24 de febrero de 1997, caso De Haes y Gijsels c. Bélgica, § 48); protección que alcanza a internet, dada su capacidad para conservar y difundir gran cantidad de datos e informaciones, lo que contribuye a mejorar el acceso del público a las noticias y la difusión de información en general [STEDH de 10 de marzo de 2009, caso Times Newspapers Ltd. c. Reino Unido (núms. 1 y 2), § 27]" [STC 172/2020, FJ 7 B) a)].

En esa misma resolución, se afirma que "[e]l ejercicio del derecho a la información no es, en modo alguno, un derecho absoluto, pues está sujeto a límites internos, relativos a su propio contenido: la veracidad y la relevancia pública; y a límites externos, que se refieren a su relación con otros derechos o valores constitucionales con los que puede entrar en conflicto: los derechos de los demás y, en especial y sin ánimo de exhaustividad, el derecho al honor, a la intimidad, a la propia imagen y a la protección de la juventud y la infancia, art. 20.4CE [SSTC 170/1994, de 7 de junio, FJ 2; 6/1995, de 10 de enero, FJ 2 b); 187/1999, de 25 de octubre, FJ 5, y 52/2002, de 25 de febrero, FJ 4]" [STC 172/2020, FJ 7 B) d)].

Según la doctrina constitucional consolidada, la veracidad de la información suministrada y su interés o relevancia pública condicionarán su protección constitucional, si bien en la sentencia que venimos evocando se expone que "es reiterada doctrina, sintetizada en la STC 52/2002, de 25 de febrero, FJ 5, que 'no supone la exigencia de una rigurosa y total exactitud en el contenido de la información, de modo que puedan quedar exentas de toda protección o garantía constitucional las informaciones erróneas o no probadas, sino que se debe privar de esa protección o garantía a quienes, defraudando el derecho de todos a recibir información veraz, actúen con menosprecio de la veracidad o falsedad de lo comunicado, comportándose de manera negligente e irresponsable, al transmitir como hechos verdaderos simples rumores carentes de toda contrastación o meras invenciones o insinuaciones' [...]" [STC 172/2020, FJ 7 B) d)]. Así como, en relación con el requisito de la relevancia pública de la información, que "este tribunal ha declarado que una información reúne esta condición 'porque sirve al interés general en la información, y lo hace por referirse a un asunto público, es decir, a unos hechos o a un acontecimiento que afecta al conjunto de los ciudadanos' (STC 134/1999, de 15 de julio, FJ 8)" [STC 172/2020, FJ 7 B) d)]».

Ahora bien, para que tenga lugar el cumplimiento de la doctrina dada por el Tribunal Constitucional, cuando colisionen los derechos de libertad de información y expresión con el derecho al honor, debe llevarse a cabo una labor de ponderación de los intereses en conflicto:

El conflicto entre el derecho al honor y el derecho a la libertad de información

El **Tribunal Supremo en la sentencia n.º 605/2014, de 3 de noviembre, ECLI:ES:TS:2014:4252**, con fundamento en su propia jurisprudencia y en la doctrina del Tribunal Constitucional sobre el conflicto entre el derecho al honor y el derecho a la libertad de información, hace una remisión a la ponderación de éstos a través de **dos perspectivas**; de un lado, la **perspectiva abstracta** y, de otro, el **peso relativo de los derechos fundamentales** que entran en colisión:

– **Perspectiva abstracta**. Según la citada sentencia, «la ponderación debe respetar la posición prevalente que ostentan los derechos a la libertad de expresión e información sobre el derecho al honor por resultar **esenciales** como garantía para la formación de una opinión pública libre, indispensable para el pluralismo político que exige el principio democrático (...); alcanzando un máximo nivel cuando la libertad es ejercitada por los profesionales de la información a través del vehículo institucionalizado de formación de la opinión pública que es la prensa, entendida en su más amplia acepción».

– **Perspectiva del peso relativo de los derechos fundamentales que entran en colisión**. Así, desde esta perspectiva, la ponderación debe tener en cuenta si la información tiene relevancia pública o interés general o se proyecta sobre personas que ejerzan un cargo público o una profesión de notoriedad o proyección pública (...), pues entonces el peso de la libertad de información es más intenso». En este sentido, para que pueda prevalecer la posición relevante de la libertad de información sobre el derecho al honor, la primera ha de responder a los siguientes parámetros:

– Para que pueda entenderse justificada la intromisión del derecho al honor la información debe referirse a **asuntos de relevancia pública o interés general**, ya sea por la propia **materia a la que alude la noticia** o el juicio de valor, ya **por razón de las personas** (cargo público o una profesión de notoriedad o proyección pública). Así lo apunta la **STC n.º 68/2008, de 23 de junio, ECLI:ES:TC:2008:68**, al señalar que «las personas que ejercen funciones públicas, o resultan implicadas en asuntos de relevancia pública, deben soportar un cierto mayor riesgo de injerencia en sus derechos de la personalidad que las personas privadas. Ello es así porque en la base de toda sociedad democrática está la formación de una opinión pública libre y plural que, en principio y salvo excepcionales limitaciones, puede tener acceso a la información que afecta al funcionamiento de las instituciones públicas».

– En cuanto a la **veracidad de la información**, la **sentencia del Tribunal Constitucional n.º 216/2013, de 19 de diciembre, ECLI:ES:TC:2013:216**, señala que:

«(...) los casos en los que entran en conflicto los derechos fundamentales de libertad de expresión e información, por un lado, y el derecho al honor, por otro, deben resolverse casuísticamente, teniendo en cuenta en dicha "tarea de ponderación o proporcionalidad", la prevalencia del derecho a la libertad de expresión e información sobre los determinados derechos de la personalidad, siempre que: se constate la relevancia e interés general de la información divulgada; el carácter público de la persona sobre la que versa la información y la veracidad de la información, **entendiendo por tal la información comprobada y contrastada según los cánones de la profesionalidad informativa**».

De acuerdo con el Tribunal Constitucional en su **sentencia n.º 29/2009, de 26 de enero, ECLI:ES:TC:2009:29**, si falta esta diligencia, se transmiten como hechos verdaderos, simples rumores carentes de constatación o meras invenciones. En todo caso, tal y como ha señalado **el TC en su sentencia n.º 1/2005, de 17 de enero, ECLI:ES:TC:2005:1**, la diligencia exigible dependerá de las circunstancias concretas del caso, pues esta dependerá de las concretas características de la comunicación de que se trate.

– **Ausencia de matices injuriosos, denigrante o desproporcionados.**

CUESTIONES

1. ¿Qué dice la doctrina del Tribunal Constitucional respecto de la diligencia exigible?

Constituye doctrina de nuestro tribunal de garantías la de que dispone que para comprobar si el informador ha actuado con la diligencia que le es constitucionalmente exigible, deberá valorarse:

– El objeto de la información, no siendo lo mismo «la ordenación y presentación de hechos que el medio asume como propia» que «la transmisión neutra de las manifestaciones de otro». En este punto es ilustrativa la **STC n.º 28/1996, de 26 de febrero, ECLI:ES:TC:1996:28**, respecto a la trasmisión neutra de las manifestaciones ha sido elaborada la doctrina conocida «el reportaje neutral».

– Cualesquiera otros criterios que puedan ser relevantes: la fuente que proporciona la noticia, las posibilidades efectivas de contrastarla, el carácter del hecho noticioso, etc. En estos términos, es interesante la lectura de la **STC n.º 21/2000, de 31 de enero, ECLI:ES:TC:2000:21**.

2. ¿Podríamos entender que la detención de una persona es una cuestión de interés público?

Si, la información relativa a la detención de una persona es una cuestión de interés público, interés que aumenta cuando el delito es de una especial gravedad, como es el caso de que pueda afectar a menores. En este sentido, la **sentencia del Tribunal Supremo n.º 682/2015, de 27 de noviembre, ECLI:ES:TS:2015:4928**, establece que:

«*La información relativa a la detención de una persona es una cuestión de interés público, interés que aumenta cuando el delito es de una especial gravedad, como es el caso de que pueda afectar a menores. Esta Sala, en la STS de 24 de octubre de 2008, rec. nº 651/2003 declaró que "la persecución y castigo del delito constituye un bien digno de protección constitucional, a través del que se defienden otros como la paz social y seguridad ciudadana, bienes igualmente reconocidos en los arts. 10.1 y 104.1 CE (STC 14/2003, de 28 de enero). La doctrina del Tribunal Constitucional al respecto se resume en las SS. 14/2003, de 28 de enero y 244/2007, de 10 de diciembre, entre otras, en las que se declara que reviste relevancia e interés público la información sobre los resultados positivos o negativos que alcanzan en sus investigaciones las fuerzas y cuerpos de seguridad, especialmente si los delitos cometidos entrañan una cierta gravedad o han causado un impacto considerable en la opinión pública, extendiéndose aquella relevancia o interés a cuantos datos o hechos novedosos puedan ir descubriéndose por las más diversas vías, en el curso de las investigaciones dirigidas al esclarecimiento de su autoría, causas y circunstancias del hecho delictivo"*».

3. La libertad de información veraz, ¿es aplicable solamente al periodista profesional?

No, y así lo establece la **sentencia Tribunal Constitucional n.º 165/ 1987, de 27 de octubre, ECLI:ES:TC:1987:165**, al apuntar que:

«*La libertad de información es, en términos constitucionales, un medio de formación de opinión pública en asuntos de interés general, cuyo valor de libertad preferente sobre otros derechos fundamentales y entre ellos el derecho al honor, puesto de manifiesto por la STC 104/1986, de 17 de julio, viene determinado por su condición de garantía de la opinión pública, que es una institución constitucional al Estado democrático que los poderes públicos tienen especial obligación de proteger. Este valor preferente alcanza su máximo nivel cuando la libertad es ejercitada por los profesionales de la información a través del vehículo institucionalizado de formación de la opinión pública, que es la prensa, entendida en su más amplia acepción. Esto, sin embargo, no significa que la misma libertad no deba ser reconocida en iguales términos a quienes no ostentan igual cualidad profesional, pues los derechos de la personalidad pertenecen a todos sin estar subordinados a las características personales del que los ejerce, sino al contenido del propio ejercicio, pero sí significa que el valor preferente de la libertad declina, cuando su ejercicio no se realiza por los cauces normales de formación de la opinión pública, sino a través de medios, tan anormales e irregulares como es la difusión de hojas clandestinas, en cuyo caso debe entenderse, como mínimo, que la relación de preferencia que tiene la libertad de información respecto al derecho al honor se invierte a favor de este último, debilitando la eficacia justificadora de aquélla frente a lesiones inferidas a éste*».

b) El conflicto entre el derecho al honor y el derecho a la libertad de expresión

Al igual que en el punto anterior, para hablar del conflicto entre el derecho al honor y el derecho a la libertad de expresión, han de analizarse dos perspectivas: **perspectiva abstracta y perspectiva del peso relativo.**

- Desde la **perspectiva abstracta**, la ponderación de los derechos fundamentales en conflicto (derecho a la libertad de expresión y derecho al honor), debe respetar la posición prevalente que ostentan los derechos a la libertad de expresión e información sobre el derecho al honor, por resultar los primeros, esenciales como garantía para la formación de una opinión pública libre, indispensable para el pluralismo político que exige el principio democrático.

- Desde la **perspectiva del peso relativo** de los derechos fundamentales que entran en colisión, para que pueda prevalecer la posición relevante de la libertad del derecho de expresión sobre el derecho al honor, la primera ha de responder a los siguientes parámetros o requisitos:

    - **Relevancia pública o interés general** de la manifestación expresada cuando estas manifestaciones redunden en descrédito del afectado.

    - **Ausencia de manifestaciones inequívocamente injuriosas.** Sin embargo, es importante advertir que, en este concreto punto, la doctrina viene admitiendo —y ello a consecuencia de la propia naturaleza de la libertad de expresión— que pueda comprender la crítica de la conducta de otro, aun cuando sea desabrida y pueda molestar, inquietar o disgustar a aquel contra quien se dirige, pues ello es requisito necesario para la existencia de pluralismo, tolerancia y espíritu de apertura, que caracterizan una sociedad democrática.

Como vemos, a diferencia de lo que ocurre con el derecho a la libertad de información, para que la libertad de expresión resulte amparada constitucionalmente, no se requiere el cumplimiento del requisito de veracidad, sino que será suficiente con que el objeto de crítica y opinión sea de interés o relevancia pública y no se utilicen para su manifestación expresiones inequívocamente injuriosas. Así, por ejemplo, encontramos la reciente sentencia del Tribunal Constitucional por la que se desestima el **recurso de amparo n.º 3223/2019, de 10 de mayo de 2021, ECLI:ES:TC:2021:93,** contra la **sentencia del Tribunal Supremo n.º 201/2019, de 3 de abril, ECLI:ES:TS:2019:973,** que condenó al demandado a pagar una indemnización por vulnerar el derecho al honor del torero Víctor Barrio al que se refirió como asesino (de toros) en las redes sociales a las pocas horas de fallecer.

La sentencia subraya que, atendidas las circunstancias del caso, las expresiones utilizadas por la recurrente en amparo:

> «(...) se evidencia como **innecesaria, desproporcionada,** así como carente de anclaje alguno en el ejercicio del derecho a la libertad de expresión de la recurrente. En efecto, para defender públicamente sus posiciones antitaurinas no era necesario calificar en la red social de **asesino o de opresor** a don Víctor Barrio y **mostrar alivio por su muerte.** Menos aún hacerlo acompañando al texto una fotografía en que se mostraba al torero

malherido, en el momento en que fue corneado, con evidentes muestras de dolor, y realizar esa publicación a las pocas horas de fallecer a consecuencia de esa cornada en la plaza de toros de Teruel, ocasionando con ello un dolor añadido al que tenían sus familiares».

En resumen y conclusión, afirma la **sentencia del Tribunal Supremo n.º 482/2014, de 24 de septiembre, ECLI: ES:TS:2014:3544**, que:

> «A su vez, en cuanto a la ponderación entre el derecho al honor y las libertades de información y expresión cuando estos derechos fundamentales se encuentran en conflicto, la misma STS 21-03-2014 (rec. 18/2012), resumiendo también la jurisprudencia de esta Sala y la doctrina del Tribunal Constitucional y del Tribunal Europeo de Derechos Humanos sobre la materia, afirma que 'la técnica de ponderación exige valorar, en primer término, el peso en abstracto de los respectivos derechos fundamentales que entran en colisión', debiendo respetar 'la posición prevalente que ostentan los derechos a la libertad de expresión e información sobre el derecho al honor por resultar esencial como garantía para la formación de una opinión pública libre, indispensable para el pluralismo político que exige el principio democrático', alcanzando su máximo nivel la protección constitucional de las libertades de información y de expresión 'cuando la libertad es ejercitada por los profesionales de la información a través del vehículo institucionalizado de formación de la opinión pública que es la prensa, entendida en su más amplia acepción'. También debe tenerse en cuenta, según esta sentencia, 'que la libertad de expresión, según su propia naturaleza, comprende la crítica de la conducta de otro, aun cuando sea desabrida y pueda molestar, inquietar o disgustar a aquel contra quien se dirige', porque 'así lo requieren el pluralismo, la tolerancia y el espíritu de apertura, sin los cuales no existe sociedad democrática'».

Debiéndose tener en cuenta entonces que:

- La **relevancia pública o interés general de la noticia** constituye un requisito para que pueda hacerse valer la prevalencia del derecho a la libertad de información y de expresión cuando las noticias comunicadas o las expresiones proferidas redunden en descrédito del afectado.

- Para que pueda prevalecer sobre el derecho al honor la libertad de información, dado su objeto de puesta en conocimiento de hechos, cuando comporta la transmisión de noticias que redundan en descrédito de la persona, **se exige que la información cumpla el requisito de la veracidad, a diferencia de lo que ocurre con la libertad de expresión, que protege la emisión de opiniones.**

- La protección del derecho al honor debe prevalecer frente a la libertad de expresión cuando se emplean **frases y expresiones ultrajantes u ofensivas, sin relación con las ideas u opiniones que se expongan y, por tanto, innecesarias a este propósito,** dado que el artículo 20 de la CE, apartado 1, letra a), no reconoce un pretendido derecho al insulto, que sería, por lo demás, incompatible con ella.

- De acuerdo con una concepción pragmática del lenguaje adaptada a las concepciones sociales, se mantiene la prevalencia de la libertad de **expresión cuando se emplean expresiones que, aun aisladamen-**

te ofensivas, al ser puestas en relación con la información que se pretende comunicar o con la situación política o social en que tiene lugar la crítica experimentan una disminución de su significación ofensiva y sugieren un aumento del grado de tolerancia exigible, aunque puedan no ser plenamente justificables, ya que el apartado 1 del art. 2 de la LO 1/1982 se remite a los usos sociales como delimitadores de la protección civil del honor.

Por último, es necesario advertir que el Tribunal Constitucional ha subrayado (entre otras **STC n.º 38/2017, de 24 de abril, ECLI:ES:TC:2017:38**) que en los casos reales que la vida ofrece, no siempre es fácil separar la expresión de pensamientos, ideas y opiniones de la simple narración de unos hechos, pues a menudo el mensaje sujeto a escrutinio consiste en una amalgama de ambos, y la expresión de pensamientos necesita a menudo apoyarse en la narración de hechos y a la inversa, por lo que la comunicación de hechos o de noticias no se da nunca en un estado químicamente puro y comprende, casi siempre, algún elemento valorativo o, dicho de otro modo, una vocación a la formación de una opinión.

CUESTIÓN

¿Cómo determinaremos entonces el derecho fundamental efectivamente en juego?

Para determinar cuál es el derecho fundamental efectivamente en juego en cada supuesto, será necesario atender al que aparezca como preponderante o predominante y, a tal efecto, la doctrina del Tribunal Constitucional considera determinante el que del texto se desprenda un «afán informativo» o que predomine intencionalmente la expresión de un «juicio de valor». (STS n.º 38/2017, de 24 de abril, ECLI:ES:TC:2017:38).

¿Qué ocurre cuando el derecho a la libertad de información y expresión entran en conflicto con el derecho a la intimidad personal y familiar?

Cuando el derecho a la intimidad entra en conflicto con las libertades de información y expresión, la doctrina jurisprudencial considera que el elemento legitimador es la **relevancia pública del hecho divulgado** y, también, que debe comprobarse **que el afectado no haya adoptado pautas de comportamiento que permitan entender que consintió el público conocimiento de tales aspectos privados**, pues corresponde a cada persona acotar el ámbito de intimidad personal y familiar que reserva al conocimiento ajeno.

En consecuencia, tal y como se pone de manifiesto la **Sala del Tribunal Supremo en el auto, rec. 1776/2020, de 27 de enero de 2021, ECLI:ES:TS:2021:581A**, ante un conflicto entre libertad de información y derecho a la intimidad, ni la veracidad de la noticia determina la inexistencia de intromisión, ni la falta de veracidad es irrelevante.

- Desde la **perspectiva de la relevancia pública** de la información u opinión divulgadas, la jurisprudencia viene admitiendo el interés de la información, al menos relativo, cuando esta se ofrece en publicaciones o programas de mero entretenimiento.

- Desde la **perspectiva de las pautas de comportamiento** del afectado, como declara la **sentencia del Tribunal Supremo n.º 28/2017, de 18 de enero, ECLI:ES:TS:2017:162**: «corresponde a cada persona, no a terceros, delimitar su esfera de intimidad, –también a las personas famosas– delimitar su intimidad, que no puede confundirse el interés público con la mera curiosidad humana y, en fin, que de la prestación del consentimiento para que se conocieran determinados aspectos de su vida privada tampoco podía deducirse su conformidad para que se supiera todo lo demás».

Por último, descendiendo a la **ponderación entre el derecho a la información y libertad de expresión y el derecho a la propia imagen**, de acuerdo con la **sentencia del Tribunal Supremo n.º 252/2021, de 4 de mayo, ECLI:ES:TS:2021:1581**: «partiendo de la autonomía del derecho a la propia imagen, el interés de una persona por evitar la difusión de su imagen solo debe ceder ante la existencia de un **interés público prevalente o ante la presencia de circunstancias legitimadoras de la intromisión**».

Por su parte, y a tenor de lo señalado en la **sentencia del Tribunal Supremo n.º 415/2020, de 9 de julio, ECLI:ES:TS:2020:2230**, cabe advertir que la primera regla para lograr la protección de este derecho fundamental consiste en que, para poder captar, reproducir y/o publicar la imagen de una persona, es **indispensable su consentimiento inequívoco**, siendo excepcionales los supuestos en los que no se requiere dicha autorización y que aparecen contemplados en la **Ley Orgánica 1/1982, de 5 de mayo, de protección civil del derecho al honor, a la intimidad personal y familiar y a la propia imagen**.

La defensa que constitucionalmente se dispensa a la imagen de la persona también comprende las llamadas **fotografías neutrales**, es decir, todas aquellas que, aunque no contengan información gráfica sobre la vida privada o familiar del retratado, muestran sin embargo su aspecto físico de modo que lo haga reconocible.

Por el contrario, y toda vez que no puede deducirse un carácter absoluto y sin reservas del derecho a la propia imagen, este deberá sacrificarse en aquellos supuestos en los que, aun sin existir consentimiento, se capta, reproduce o publica un documento gráfico en el que la persona aparezca en relación con un **acontecimiento público que posea el rasgo de noticiable**, especialmente si es en el ámbito por el que es conocida para el público, es decir, relacionado con su cargo o profesión de notoriedad. Subraya en este sentido la **sentencia del Tribunal Constitucional n.º 27/2020, de 24 de febrero, ECLI:ES:TC:2020:27**, que es el «**carácter noticiable de la información**» el criterio que se erige como «elemento fundamental y decisivo» para hacer ceder un derecho como el derecho a la imagen, habiendo sido interpretado por este tribunal de la siguiente forma:

> «(...) el derecho a la información no ocupa una posición prevalente respecto del derecho a la imagen, solo se antepone a este último tras apreciar el **interés social de la información publicada como fin constitucionalmente legítimo**. Por ello recibe una especial protección constitucional la información veraz referida a asuntos de interés general o relevancia pública, requisito éste que deriva tanto del contenido como de la finalidad misma del derecho reconocido en el art. 20.1 d) CE, de manera que el derecho a comunicar y a emitir libremente información veraz no otorga a sus titulares un poder ilimitado sobre cualquier ámbito de la realidad, sino que, al venir reconocido como medio de formación de la opinión pública solamente puede legitimar las intromisiones en otros derechos fundamentales que guarden congruencia con la finalidad expresada, careciendo de efecto legitimador cuando se ejercite de modo desmesurado y exorbitante al fin en atención al cual la Constitución le atribuye especial protección».

¿Qué es el reportaje neutral?

El reportaje neutral se constituye como una doctrina jurídica creada por el Tribunal Constitucional y que encuentra su base en la doctrina jurisprudencial norteamericana del *neutral reportaje doctrine,* utilizado como un **criterio de ponderación en caso de conflicto entre el derecho al honor y el derecho a la libertad de información.**

Dicha doctrina parte de la base de que, si un artículo periodístico recoge unos datos u opiniones sin expresar o hacer valoración alguna, no nos encontramos ante una vulneración del derecho al honor, ni por parte del periodista que firma el artículo ni por parte del medio que la pública.

Así pues, esta doctrina viene a exonerar al profesional del deber de veracidad al que está sometida la libertad del derecho a la información en aquellos supuestos en los que este no es el autor de la información al limitarse a narrar, sin alterar su importancia, las declaraciones de otro, circunscribiéndose, en estos supuestos, el criterio de veracidad a la verdad objetiva de la existencia de tales declaraciones.

Así, el Tribunal Constitucional establece, entre diversos fallos, en su **STC n.º 53/2006, de 27 de febrero, ECLI:ES:TC:2006:53**, los **requisitos necesarios** para que pueda hablarse de **reportaje neutral**:

- El objeto de la noticia ha de hallarse constituido por declaraciones que imputan hechos lesivos del honor, pero que han de ser por sí mismas, esto es, como tales declaraciones, noticia y han de ponerse en boca de personas determinadas responsables de ellas. Por ello, se excluye el reportaje neutral cuando no se determina quién hizo las declaraciones. En este sentido resulta de interés traer a colación la **sentencia del Tribunal Constitucional n.º 41/1994, de 15 de febrero, ECLI:ES:TC:1994:41**, en la que la sala pone de manifiesto que, «(...) la diligencia mínima exigible al medio de comunicación le impone, por una parte, la identificación necesaria del sujeto que emite las opiniones o noticias, que de este modo quedan limitadas por la propia credibilidad de su autor».

- El medio informativo ha de ser un mero transmisor de tales declaraciones, limitándose a narrarlas sin llegar a alterar la importancia que tengan en el conjunto de la noticia, de forma que, si se reelabora la noticia, no hay reportaje neutral. Tampoco lo hay cuando es el propio medio el que provoca la noticia, periodismo de investigación, sino que ha de limitarse a reproducir algo que ya sea conocido de algún modo.

Por su parte el **Tribunal Supremo en su sentencia n.º 286/2023, de 22 de febrero, ECLI:ES:TS:2023:670**, con mención a la n.º 334/2022, de 27 de abril, ECLI:ES:TS:2022:1707, señala que, cuando entran en conflicto el derecho al honor y la libertad de información, la prevalencia que en abstracto corresponde a la segunda solo puede justificarse en el caso concreto mediante un juicio de ponderación ajustado a las circunstancias del caso en el que ha de estarse a la concurrencia de los siguientes tres presupuestos:

- **Interés público informativo**, es decir, que se trate de información sobre asuntos de interés general, sea por la materia a la que aluda la noticia, o por razón de las personas afectadas.

- **Veracidad de la información**, entendida como diligencia en la averiguación de los hechos.

- **Proporcionalidad**, en el sentido de que en la comunicación de las informaciones se prescinda de insultos o de expresiones o frases inequívocamente injuriosas o vejatorias y, por tanto, innecesarias a este propósito, para cuya valoración debe estarse al contexto.

CUESTIÓN

Conforme a lo antedicho y en aplicación de la doctrina del reportaje neutral, ¿podemos concluir que un medio de comunicación quedará exonerado de la responsabilidad que pueda derivarse del contenido de un artículo en el que se imputan hechos que son constitutivos de intromisión del derecho al honor?

Sí, y ello porque cuando el medio informativo es mero transmisor de declaraciones ajenas que imputan hechos lesivos para el honor y se transmiten de forma neutral (esto es, limitándose el medio a narrarlas, sin alterar la importancia que tengan en el conjunto de la noticia, pues si se reelabora la noticia no hay reportaje neutral), el deber de veracidad se circunscribe a la verdad objetiva de la existencia de tales declaraciones, de tal forma que el medio que las transmita neutralmente —que se limite, según **STC n.º 53/2006, de 27 de febrero, ECLI:ES:TC:2006:53**— «(...) a reproducir algo que ya sea, de algún modo, conocido», queda exonerado de la responsabilidad que pueda derivarse de su contenido. **(STS n.º 380/2020, de 30 de junio, ECLI:ES:TS:2020:2083).**

4.
CARACTERÍSTICAS GENERALES DE LOS DELITOS CONTRA EL HONOR

De acuerdo con el apartado 1 del artículo 18 de la CE: «Se garantiza el derecho al honor, a la intimidad personal y familiar y a la propia imagen».

La protección dispensada para este derecho por el referido artículo alcanza a la buena reputación de una persona, protegiéndola frente a expresiones o mensajes que le hagan desmerecer en la consideración ajena al ir en su descrédito o menosprecio (sentencia del Tribunal Constitucional n.° 93/2021, de 10 de mayo, ECLI:ES:TC:2021:93).

En la actualidad, la doctrina mayoritaria maneja un concepto normativo-fáctico de honor, lo que significa que se parte de un concepto normativo, pero se tiene en cuenta también aspectos exteriores, como la fama o la reputación, pero de lo que se trata es de **garantizar el respeto a la dignidad en el contacto social**, pues, **la determinación de la medida de la lesión sólo es posible en el marco de los contactos sociales en los que se pretende el respeto por la dignidad personal.** Por ello, se puede decir que **el honor tiene un condicionamiento social.**

Los delitos contra el honor se encuentran regulados en nuestro Código Penal en el título XI y se divide en el **capítulo I** referido al delito de calumnia y en el **capítulo II** referido al delito de injurias.

4.1. Bien jurídico protegido: diferencias con los delitos contra la intimidad, la propia imagen, y contra la integridad moral

De acuerdo con el artículo 18.1 de la CE y con la **Ley Orgánica 1/1982, de 5 de mayo, de protección civil del derecho al honor, a la intimidad personal y familiar y a la propia imagen,** estos derechos tienen el rango de derechos fundamentales, como ya se ha dicho. Sin embargo, desde el punto de vista penal, nos limitaremos únicamente al análisis de los delitos de injuria y calumnia, que son los delitos contra el honor recogidos en el Código Penal.

Respecto al **concepto de honor**, el Tribunal Supremo le otorga una doble definición. Por una parte, el **concepto fáctico, objetivo o aparente**, que consiste en la representación o consideración que los demás tienen en las cualidades de una persona, constituidas por la reputación y la fama que la persona tenga en la sociedad.

Por otra parte, aporta el **concepto subjetivo e inmanente de honor** que se concreta en el aspecto anterior, esto es, en la estimación de cada persona hace de sí mismo. El concepto normativo de honor se concreta en el aspecto interior, esto es, en la dignidad de la persona, respeto que toda persona merece por el simple hecho de ser persona como consecuencia del reconocimiento de su dignidad.

En la actualidad, la doctrina mayoritaria maneja un **concepto normativo-fáctico de honor, lo que significa que se parte del concepto normativo, pero se tiene en cuenta también los aspectos exteriores, como la fama o la reputación.**

Así, se entiende que el honor ha de referirse a la dignidad de la persona por el mismo hecho de serlo, por lo que también es necesario que se determine el alcance y contenido del término persona, distinguiendo entre las personas físicas y las jurídicas.

4.2. Distinción entre calumnias e injurias

La calumnia es la imputación de un delito hecha con conocimiento de su falsedad o temerario desprecio hacia la verdad (artículo 205 del Código Penal).

Así, con respecto al delito de calumnia el **Tribunal Supremo en su sentencia n.º 258/2020, de 28 de mayo, ECLI:ES:TS:2020:1599**, señala:

> «En efecto para la comisión del delito de calumnia, en primer lugar, es preciso que se haya realizado la imputación de un delito. Por tal hay que entender acusar, atribuir, achacar o cargar en cuenta de otro la comisión de un hecho delictivo. En segundo lugar, la acusación ha de ser concreta y terminante, de manera que, como ha dicho esta Sala, "no bastan atribuciones genéricas, vagas o análogas, sino que han de recaer sobre un hecho inequívoco, concreto y determinado, preciso en su significación y catalogable criminalmente", lejos de la simple sospecha o débil conjetura, debiendo contener la falsa asignación los elementos requeridos para la definición del delito atribuido, según su descripción típica, aunque sin

necesidad de una calificación jurídica por parte del autor". Y, en tercer lugar, desde el punto de vista subjetivo, la imputación ha de hacerse con conocimiento de su falsedad o con temerario desprecio hacia la verdad. En la misma línea, aunque de forma implícita, otras resoluciones excluyen en el análisis del tipo subjetivo la exigencia de ese especial propósito de difamar al ofendido»

La injuria es la acción o expresión que lesiona la dignidad de otra persona, menoscabando su fama o atentando contra su propia estimación. Solamente serán constitutivas de delito las injurias que, por su naturaleza, efectos y circunstancias, **sean tenidas en el concepto público como graves**.

La jurisprudencia entiende que **los delitos de calumnia e injuria son homogéneos en cuanto que atacan al mismo bien jurídico** como es el derecho al honor, y que cabe la modificación de la calificación, condenando por delito de injurias pese a que la acusación se haya formulado por calumnias por ser el primero más beneficioso, siempre y cuando el condenado haya tenido oportunidad de defenderse de todos los elementos del delito de injurias **(sentencia del Tribunal Constitucional n.º 35/2004, de 8 de marzo, ECLI:ES:TC:2004:35)**.

Por lo tanto, las **diferencias** entre ambos delitos radican en que:

– La **injuria** se refiere **expresión de actos ofensivos hacia otra persona que lesionan su dignidad y menoscaban su estima y su fama**. Se exige para la comisión del delito que, quien emite dicha expresión, lo haga con ánimo de causar tal menoscabo en el honor de la persona.

– Se comete **delito de calumnia** cuando **se imputa falsamente al calumniado la comisión de un delito recogido en el Código Penal**, conociendo la falsedad de la comisión de tal delito, por ejemplo, acusar a una persona de la comisión de un delito de falsedad documental conscientemente a sabiendas de que la comisión de tal delito es falsa.

Sin embargo, **ambos delitos tienen mucho en común** ya que, en muchos supuestos, cobran el mismo tratamiento:

– Tanto la injuria como la calumnia, para el caso de los **tipos agravados de los artículos 206 y 209 del Código Penal, requieren publicidad**.

– Deber de **retractarse y reconocimiento de la falsedad de las imputaciones por parte del autor del delito**.

– **Ambos delitos precisan de la interposición de la correspondiente querella, ya que no son perseguibles de oficio**.

– **El perdón del ofendido** extingue la acción penal en ambos delitos.

– **Divulgación de la sentencia condenatoria a costa del condenado** en ambos delitos.

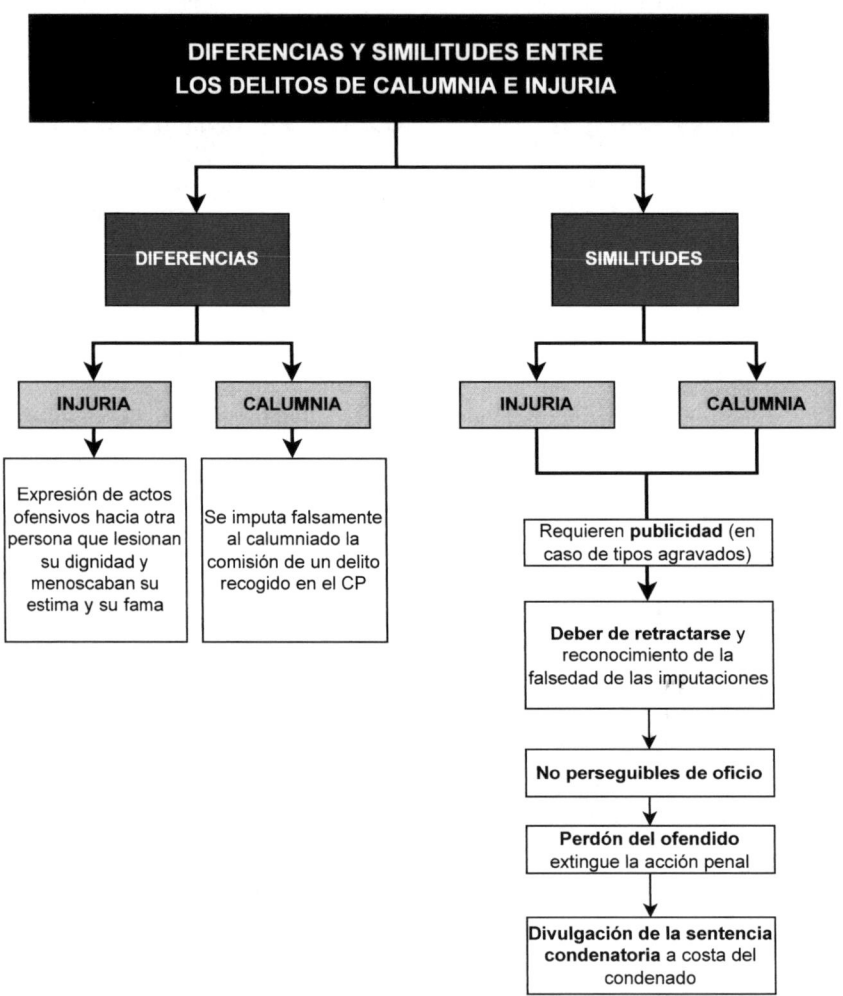

4.3. Delitos privados

Los **delitos privados son aquellos que solamente pueden ser persegui-dos a iniciativa de la propia persona ofendida o de su representante legal,** y en relación con los mismos, el perdón sí es eficaz para logar que la acción penal se extinga.

> **A TENER EN CUENTA.** El artículo 215 del Código Penal ha sido modificado en su apartado 3.º por la Ley Orgánica 8/2021, de 4 de junio, de protección integral a la infancia y la adolescencia frente a la violencia, en vigor el 25/06/2021, pasando a tener la siguiente redacción:
>
> «3. El perdón de la persona ofendida extingue la acción penal, sin perjuicio de lo dispuesto en el artículo 130.1.5.º, párrafo segundo de este Código».

A su vez, el artículo 130 del CP también fue modificado por esa misma norma, pasando a fijar lo siguiente respecto al perdón de la persona ofendida:

«5.º Por el perdón de la persona ofendida, cuando se trate de delitos leves perseguibles a instancias de la persona agraviada o la ley así lo prevea. El perdón habrá de ser otorgado de forma expresa antes de que se haya dictado sentencia, a cuyo efecto la autoridad judicial sentenciadora deberá oír a la persona ofendida por el delito antes de dictarla.

En los delitos cometidos contra personas menores de edad o personas con discapacidad necesitadas de especial protección que afecten a bienes jurídicos eminentemente personales, el perdón de la persona ofendida no extingue la responsabilidad criminal».

A la vista de lo anterior, **tanto la calumnia como la injuria son delitos privados,** pues su persecución requiere necesariamente la interposición de querella de la persona ofendida o su representante legal, de conformidad con lo previsto en el apartado 1 del artículo 215 del Código Penal:

«**1. Nadie será penado por calumnia o injuria sino en virtud de querella de la persona ofendida por el delito o de su representante legal.** Se procederá de oficio cuando la ofensa se dirija contra funcionario público, autoridad o agente de la misma sobre hecho concernientes al ejercicio de su cargo».

Por lo tanto, en los procedimientos relativos a los delitos de injurias y calumnias, respecto a la figura del Ministerio Fiscal, es relevante destacar la sentencia del Tribunal Supremo n.º 60/2000, de 27 de enero, ECLI:ES:TS:2001:440, que reza el tenor literal siguiente:

«(...) el Ministerio Público no es parte en estos procesos dada la conceptuación privada que ha dado a estas infracciones el vigente Código Penal, conceptuación que es predicable de la falta de injurias del artículo 620 por el que finalmente ha sido condenado el recurrente.

2.- Esta interpretación ha sido asumida por la Fiscalía General del Estado en la Circular 2/1996, de 22 de mayo y en la Consulta 7/1997, de 15 de junio que extiende la pérdida sobrevenida de legitimación del Fiscal a los procesos seguidos por hechos anteriores a la entrada en vigor del Código Penal de 1.995.

En el proceso de que trae causa el presente recurso, en atención a tal doctrina, el Ministerio Fiscal no fue parte. Y esa posición ha de mantenerse en el ámbito de la casación.

En consecuencia procede la tramitación del presente recurso sin intervención del Fiscal sin perjuicio de la posibilidad de recabar su criterio de surgir alguna cuestión de orden público (como la competencia) que exigiese su dictamen antes de la resolución.

3.- No compartimos los dos últimos párrafos en relación con la posición del Ministerio Fiscal en el trámite de casación de una sentencia dictada en los casos de calumnias o injurias.

Como se ha dicho por la doctrina, el Recurso de Casación tiene la misma función en el proceso penal que en proceso civil y, en ambos casos, pretende la declaración de nulidad de una sentencia por infracción de preceptos penales de carácter sustantivo o de la totalidad o parte del procedimiento, cuando concurre alguno de los vicios de forma contemplados en la ley. A estas dos modalidades tradicionales del recurso de casación se ha unido, por imperativo de la Constitución y a través de la vía facilitada por el artículo 5.4 de la Ley Orgánica del Poder Judicial, la posibilidad de anular la sentencia o el procedimiento por vulneración de derechos fundamentales que deben ser observados en todas las fases del procedimiento.

La vigilancia y protección de los derechos fundamentales es una tarea a la que no debe sustraerse el Ministerio Fiscal, por lo que estimamos que sea cual sea la naturaleza del hecho delictivo que llega a la casación, su presencia es indispensable con objeto de velar por la salvaguarda de las normas constitucionales y de legalidad ordinaria, que constituyen el entramado sustantivo y adjetivo del proceso penal».

4.4. Sujeto activo y pasivo: personas jurídicas

Como ya hemos señalado, **el honor ha de referirse a la dignidad de la persona por el mismo hecho de serlo,** por lo que también es necesario que se determine el alcance y contenido del término persona, distinguiendo entre las personas físicas y las jurídicas.

En relación a la **persona física,** queda claro que cualquier persona tiene derecho al honor y, en su caso, a la protección penal de su dignidad, con esto quiere decirse que **el término persona abarca a todas ellas, con independencia de que sean mayores o menores de edad.**

En relación a la **persona jurídica** no hay excesivos problemas para reconocer que las personas jurídicas tienen honor, ya que, **si el honor lo reconducimos al aspecto externo del prestigio y la fama, las personas jurídicas pueden ser merecedoras de prestigio y fama y por tanto sujeto del delito de injurias.**

Con respecto a la **clasificación del sujeto activo y del sujeto pasivo**, tendremos que hacer la siguiente distinción según el delito:

a) **Delito de injuria:**

- **Sujeto activo**: cualquier persona física.
- **Sujeto pasivo**: cualquier persona física o jurídica. También podrá ser sujeto pasivo una persona física difunta.

b) **Delito de calumnia:**

- **Sujeto activo**: cualquier persona física.
- **Sujeto pasivo**: cualquier persona física o jurídica. Con respecto a las personas jurídicas, únicamente podrán ser sujetos pasivos si las calumnias proferidas sobre la persona jurídica se extiendan a la persona física representante.

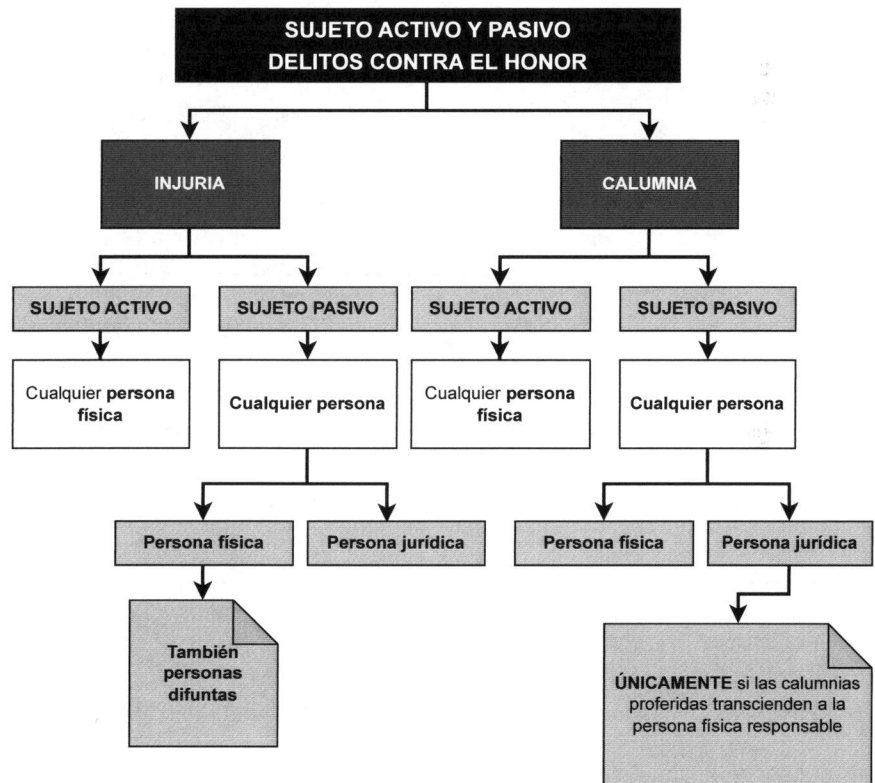

4.5. Delito continuado

El delito continuado se define en el artículo 74 del Código Penal:

«1. No obstante lo dispuesto en el artículo anterior, el que, en ejecución de un plan preconcebido o aprovechando idéntica ocasión, realice una pluralidad de acciones u omisiones que ofendan a uno o a varios sujetos e infrinjan el mismo precepto penal o preceptos de igual o semejante naturaleza, será castigado como autor de un delito o falta continuados con la pena señalada para la infracción más grave, que se impondrá en su mitad superior, pudiendo llegar hasta la mitad inferior de la pena superior en grado».

El delito continuado es una institución jurídica por la que **diversos actos se conforman como un objeto único de valoración**. Es por ello que, aunque no venga exigido por el precepto penal regulador de la continuidad delictiva, los tribunales siempre han exigido una **cierta conexión temporal y geográfica, pues un distanciamiento temporal o geográfico entre los diferentes hechos delictivos contemplados en su singularidad, rompe todo vínculo de unión entre las distintas acciones (sentencia del Tribunal Supremo n.º 952/2006, de 6 de octubre, ECLI:ES:TS:2006:5739).**

Por lo que este **criterio de proximidad temporal y geográfico es un criterio de racionalidad jurídica preciso para encuadrar los distintos y plurales actos en una unidad delictiva**. La propia caracterización de la continuidad delictiva hace referencia a actuación delictiva próxima en el tiempo y espacio, continua, que no es de aplicación a hechos separados en el tiempo, en este sentido se pronuncia el **Tribunal Supremo en su sentencia n.º 374/2017, de 24 de mayo, ECLI:ES:TS:2017:1885.**

En cuanto a los **requisitos del delito continuado**, según la jurisprudencia consolidada del Tribunal Supremo, podemos hacer mención de los siguientes (STS n.º 140/2020, de 12 de mayo, ECLI:ES:TS:2020:874):

– **Pluralidad de hechos delictivos** diferenciables.

– Identidad de sujeto activo.

– **Elemento subjetivo de ejecución de un plan preconcebido**, con dolo conjunto y unitario, o de aprovechamiento de idénticas ocasiones en las que el dolo surge en casa situación concreta pero idéntica a las otras.

– **Homogeneidad en el *modus operandi***, lo que significa la uniformidad entre las técnicas operativas desplegadas o las modalidades delictivas puestas a contribución del fin ilícito.

– **Elemento normativo de infracción de la misma o semejante norma penal.**

– Una cierta **conexidad espacio-temporal**.

También, es interesante traer a colación la **sentencia del Tribunal Supremo n.º 413/2006, de 7 de abril, ECLI:ES:TS:2006:2507**, que establece la siguiente doctrina:

«El artículo 74 del Código Penal, al regular el delito continuado, exige como requisito que el autor realice una pluralidad de acciones u omisiones. Esta Sala ha entendido que cuando los hechos constitutivos de falsedad se realizan de forma repetida y prácticamente igual, en unidad de acto y con el mismo propósito falsario, no es posible descomponerlos en varias acciones diferentes, sino que debe ser considerada la existencia de una sola acción, lo que impide apreciar la concurrencia de los requisitos de un delito continuado. Así, en la STS nº 760/2003, se dice que "se considera que existe unidad de hecho o de acción en sentido amplio cuando en un breve período de tiempo, de forma sucesiva, se reitera la misma acción típica guiada por un propósito único.

Se habla en estos casos de unidad natural de acción. Señala la STS nº 1937/2001, de 26 de octubre, y la STS nº 867/2002, de 29 de julio, con cita de la STS nº 670/2001, de 19 de abril, que el concepto de unidad natural de acción concurre cuando los mismos movimientos corporales típicos se reiteran en un mismo espacio y de manera temporalmente próxima (varios puñetazos seguidos configuran un único delito de lesiones y varias penetraciones seguidas un único delito de violación) de manera que para un observador imparcial el hecho puede ser considerado como una misma acción natural, careciendo de sentido alguno descomponerlo en varios actos delictivos (sentencias de 15 de febrero de 1997, 7 de mayo, 19 de junio y 14 de julio de 1999, y 4 de abril, 2 y 18 de julio de 2000). Este criterio se ha aplicado ocasionalmente al delito de falsedad (STS nº 705/1999, de 7 de mayo), respecto del cual, como han señalado las SSTS nº 1937/2001 y la nº 670/2001, de 19 de abril, antes citadas, cabría estimar que constituye unidad natural de acción inscribir dos firmas falsas en un mismo documento o suponer en un mismo acto la intervención de varias personas que no la han tenido, o incluso suscribir falsamente más de un documento en el curso de una única operación realizada simultáneamente o de modo inmediato. Como decía la STS nº 1855/2000, de 4 de diciembre, 'no se trata de que un solo hecho constituya dos o más delitos, sino de que nos encontremos ante una unidad de acción delictiva de tracto casi sucesivo que se concreta en una sola lesión al bien jurídico protegido, en función de la finalidad perseguida por el autor'".

En el hecho probado de la sentencia, del que hay que partir, se dice que el acusado entregó las dos letras de cambio el mismo día. Nada indica que los actos de falsificación se realizaran en fechas diferentes, por lo que tal cosa no puede ser ahora presumida en contra del reo. Por lo tanto, la anterior doctrina resulta aplicable al caso, de forma que no puede ser apreciada la existencia de un delito continuado de falsedad en documento mercantil».

En su **apartado 3.º** el precitado artículo se refiere a la continuidad para los delitos contra el honor:

«3. Quedan exceptuadas de lo establecido en los apartados anteriores las ofensas a bienes eminentemente personales, **salvo las constitutivas de infracciones contra el honor** y la libertad e indemnidad sexuales que afecten al mismo sujeto pasivo. En estos casos, **se atenderá a la naturaleza del hecho y del precepto infringido para aplicar o no la continuidad delictiva**».

De ahí que, por lo que respecta a la continuidad delictiva del precitado artículo 74 del CP, el legislador ha excluido del antedicho apartado tercero su apreciación cuando se trate de ofensas a bienes eminentemente personales, aunque con la salvedad de que, en los supuestos de infracciones contra el honor y contra la libertad sexual, habrá que atender a la naturaleza del hecho y del precepto infringido para apreciarla o no.

De acuerdo con la jurisprudencia del Tribunal Supremo, **tan solo resulta apreciable la continuidad en las expresiones injuriosas cuando claramente se muestren guiadas por una unidad de acción y desenvueltas en idéntica situación temporo-espacial**, en cuyo caso no puede hablarse de varias infracciones del mismo precepto, sino de una infracción continuada, y resulta factible graduar la pena en más o menos según la gravedad objetiva del hecho, dentro de las facultades que el legislador confiere al juzgado o tribunal.

Pero no existirá tal continuidad delictiva, sino una única infracción, cuando, por tratarse de infracciones instantáneas que quedan consumadas y agotadas en el momento de ser realizados los actos que las integran, exista un único dolo o propósito de atentar contra el honor.

Por último, tampoco podrá hablarse de un único *animus injuriandi* **cuando estemos ante infracciones distintas y claramente diferenciadas**, supuesto en el que se entenderán renovados los diversos dolos, motivando por lo tanto que se consideren diferentes hechos perseguibles **(sentencia del Tribunal Supremo n.º 49/2006, de 24 de enero, ECLI:ES:TS:2006:205)**.

CUESTIONES

1. Con motivo de recoger a su hijo/a menor, «A» acude al domicilio de su excónyuge, «B», todas las semanas. «B» en estos encuentros semanales, con ocasión de llevar a cabo la recogida del hijo/a menor para cumplir con el régimen de visitas, insulta a su excónyuge «A» de forma frecuente y habitual. ¿Nos encontramos ante un delito continuado de injurias?

Sí, en este caso nos encontramos ante un delito continuado de injurias del apartado 4 del artículo 173 del Código Penal: «Para apreciar la habitualidad a que se refiere el apartado anterior, se atenderá al número de actos de violencia que resulten acreditados, así como a la proximidad temporal de los mismos, con independencia de que dicha violencia se haya ejercido sobre la misma o diferentes víctimas de las comprendidas en este artículo, y de que los actos violentos hayan sido o no objeto de enjuiciamiento en procesos anteriores», todo ello en relación con el artículo 173.2 CP .

2. «A» se encuentra con su excónyuge, «B» por la calle en dos ocasiones, una vez el 12 de febrero de 2015 y otra vez el 20 de abril de 2016, en ambos encuentros «B» le profiere distintos insultos a su excónyuge «A». En este caso, ¿nos encontramos ante un delito continuado de injurias?

No, en este caso no nos encontramos ante un delito continuado de injurias pues como ya hemos indicado anteriormente, tan solo resulta apreciable la continuidad en las expresiones injuriosas cuando claramente se muestren guiadas por una unidad de acción y desenvueltas en idéntica situación temporo-espacial. En este caso, nos encontramos con infracciones distintas y claramente diferenciadas, pues las injurias tienen lugar en dos ocasiones diferenciadas en el tiempo, habiéndose consumado cada ataque al honor por separado (**sentencia del Tribunal Supremo n.º 49/2006, de 24 de enero, ECLI:ES:TS:2006:205**).

4.6. Prescripción

De acuerdo con el apartado 1 del artículo 131 del Código Penal:

«1. Los delitos prescriben:

A los veinte años, cuando la pena máxima señalada al delito sea prisión de quince o más años.

A los quince, cuando la pena máxima señalada por la ley sea inhabilitación por más de diez años, o prisión por más de diez y menos de quince años.

A los diez, cuando la pena máxima señalada por la ley sea prisión o inhabilitación por más de cinco años y que no exceda de diez.

A los cinco, los demás delitos, excepto los delitos leves y **los delitos de injurias y calumnias, que prescriben al año**».

Por lo tanto, **el plazo de prescripción para los delitos contra el honor es de un año**.

De este artículo se colige que los delitos de injurias y calumnias cuentan con una prescripción especial y no solo por la brevedad del plazo, sino porque el mismo no es en función de la pena correspondiente al delito, sino que depende de la naturaleza de este.

A este respecto, hay que tener en cuenta lo dispuesto en el artículo 804 de la LECrim, que establece que **no se admitirá querella por injuria o calumnia inferidas a particulares si no se presenta certificación de haber celebrado el querellante acto de conciliación con el querellado, o de haberlo intentado sin efecto**.

En este sentido, el **auto de la Audiencia Provincial de Zaragoza n.º 419/2018, de 7 de septiembre, ECLI:ES:APZ:2018:1829A**, señala:

«Por tanto resulta evidente que se está dando una evolución de la interpretación de este requisito de procedibilidad previsto en el artículo 804 LECRM hacia criterios más favorables al querellado, exigiendo de forma clara y concreta el inicio de un proceso que debe ser catalogado como penal, evolución que queda absolutamente definida en la actual redacción del artículo 132.2 CP de la que se deriva sin género de duda alguna que sólo interrumpe la prescripción el inicio de un proceso penal pues no es posible dar otra interpretación a la expresión legal de "cuando el procedimiento se dirija contra la persona indiciariamente responsable de un delito o falta", lo cual sólo puede darse en el ámbito del proceso penal y no en relación al acto de conciliación previo de naturaleza civil y cuya ausencia no impide la presentación de la querella sino sólo la admisión de la misma, por lo que en modo alguno condiciona el inicio de las actuaciones penales interruptoras de la prescripción».

Sin embargo, **la celebración del acto de conciliación no produce la interrupción del plazo de prescripción, el único procedimiento susceptible de interrumpir la prescripción es el procedimiento penal**, conforme al apartado segundo del artículo 132 del Código Penal: «La prescripción se interrumpirá, quedando sin efecto el tiempo transcurrido, cuando el procedimiento se dirija contra la persona indiciariamente responsable del delito, comenzando a correr de nuevo desde que se paralice el procedimiento o termine sin condena de acuerdo», condición que no tienen los actos de conciliación (auto de la Audiencia Provincial de La Rioja n.º 31/2017, de 10 de febrero, ECLI:ES:APLO:2017:30A).

En cuanto al *dies a quo*, como se afirma en el **auto del Tribunal Supremo, rec. 20377/2013, de 5 de diciembre de 2013, ECLI:ES:TS:2013:11986A:**

> «**Desde que la expresión es proferida en un medio de comunicación el delito se ha consumado**. Esa referencia cronológica **es determinante del comienzo de la prescripción**, de la legislación aplicable y de la viabilidad del ejercicio de las acciones penales de persecución (...)».

Los delitos de injurias y de calumnias son **delitos instantáneos,** por lo que el **plazo de prescripción habrá de computarse desde el momento en que se realiza la acción típica, no cuando cesan los efectos que son inherentes a la naturaleza de la infracción.**

CUESTIONES

1. Como consecuencia de la publicación de un libro «A» interpone querella contra el autor del libro por la supuesta comisión de delitos de injurias y calumnias por escrito y con publicidad, ¿cuándo comenzará el *dies a quo*?

Las injurias proferidas ante terceros, como en este caso, se consuman en el momento de su difusión. El artículo 132 del CP no establece ninguna excepción para las injurias y calumnias, «desde el día en que se haya cometido la infracción punible». Por lo tanto en este caso lo determinante será la fecha en que se pusieron a disposición del público los ejemplares impresos, pues la mera impresión y distribución, sin una efectiva puesta a la venta, no producirá la consumación delictiva, en este sentido se pronuncia la **sentencia de la Audiencia Provincial de Madrid n.º172/2011, de 12 de mayo, ECLI:ES:APM:2011:6082.**

Por lo que, en este caso, el *dies a quo* comenzará desde el mismo día que se hayan puesto a disposición del público los ejemplares.

2. ¿Es necesario el conocimiento por el ofendido de las injurias y calumnias para la consumación del delito?

No, la consumación del delito se produce en el lugar donde fueron pronunciadas las injurias y/o calumnias. Por ejemplo, durante un programa de radio, siendo indiferente para la consumación del delito que el perjudicado haya sufrido el daño efectivo. Así, lo señala **Tribunal Supremo en su auto, rec. 20377/2013, de 5 de diciembre, ECLI:ES:TS:2012:11:** «Y es que el conocimiento por el ofendido de las injurias y amenazas no es necesario para la consumación de estos delitos, pues la consumación se habría producido en aquel lugar donde fueron pronunciadas (estudio de TV.), siendo indiferente que el perjudicado haya sufrido el daño, que de éste se derive en lugar diferente a aquél donde se haya cometido el hecho objeto de enjuiciamiento, pues cuestión distinta es el requisito de procedibilidad, necesidad de querella del perjudicado, que se sitúa en el plano procesal, de lo que es la consumación del delito, plano penal, consumación que reiteramos no requiere como elemento del tipo el conocimiento del ofendido, que pertenece a la fase de agotamiento del delito. Por lo tanto conforme al art. 14.2 de la LECrim».

En lo que respecta al *dies ad quem*, o momento de interrupción del plazo de prescripción, de acuerdo con el apartado 2 del artículo 132 del Código Penal, la prescripción se interrumpirá **cuando el procedimiento se dirija contra la persona indiciariamente responsable del delito.**

En este sentido, una de las novedades de la **LO 5/2010, de 22 de junio,** fue la relativa al momento en que debe entenderse interrumpido el plazo de prescripción, por lo que de acuerdo con esta nueva regulación del Código Penal, los criterios relativos a la interrupción de la prescripción se han refundido en una norma, según la cual la interposición de una querella o denuncia interrumpe el plazo de prescripción, siempre y cuando en el plazo de seis meses desde **la interposición de la misma se dicte una resolución judicial motivada en la que se atribuya a una persona en concreto su presunta participación en unos hechos que puedan ser constitutivos de delito.** Es decir, se produzca ese «acto de interposición judicial», que generalmente es la admisión de la querella o denuncia tal y como sostenía la antigua jurisprudencia del Tribunal Constitucional (**sentencia del Tribunal Supremo n.º 226/2017, de 31 de marzo, ECLI:ES:TS:2017:1213**).

En consecuencia, admitida judicialmente la querella e incoada una causa penal contra el querellado, por su participación en los hechos que se le imputan en la misma, la prescripción queda interrumpida y no se requiere un auto adicional de imputación formal, en este sentido se pronuncia la **sentencia del Tribunal Supremo n.º 651/2017, de 3 de octubre, ECLI:ES:TS:2017:3737.**

De acuerdo con lo dispuesto en la **sentencia del Tribunal Supremo n.º 690/2014, de 22 de octubre, ECLI:ES:TS:2014:5731**, lo esencial de cara a la interrupción de la prescripción es el **acto judicial de dirección del procedimiento.** Y se entenderá dirigido el procedimiento contra una persona determinada, tal y como reza el **artículo 132.2.1.º del CP**, desde el momento en que, al incoar la causa o con posterioridad, se dicte resolución judicial motivada en la que se le atribuya su presunta participación en un hecho que pueda ser constitutivo de delito.

Es decir, lo que ha de entenderse por **dirección del procedimiento no es un acto judicial estricto de imputación, sino que basta con la atribución indiciaria de su presunta participación en un hecho**, que se está investigando o que se comienza a investigar en tal momento.

Respecto a la necesidad de **motivación de esa resolución que implique la dirección del procedimiento**, exigencia contemplada en el mencionado artículo 132.2.1.º **del CP, viene necesariamente delimitada por el momento procesal en el que dicta esa resolución.** Generalmente será la que dé comienzo a las investigaciones, por lo que solo contará como elementos de contraste con los que la correspondiente querella incorporen. De ahí que lo exigible sea un juicio de verosimilitud sobre la apariencia delictiva de los hechos imputados y su presunta atribución al querellado, pues no es posible que en tal momento procesal puedan llevarse a cabo mayores explicaciones ni probanzas, en tanto que dicha resolución judicial es precisamente la que abre investigación judicial, carecería de sentido en consecuencia, exigir mayor motivación, en este sentido se pronuncia la **sentencia del Tribunal Supremo n.º 885/2012, de 12 de noviembre, ECLI:ES:TS:2012:7384.**

4.7. El perdón del ofendido

El perdón del ofendido, como extinción de la responsabilidad criminal, **es posible solo en aquellos delitos perseguibles mediante denuncia o querella del agraviado y cuando la ley prevea expresamente tal efecto del perdón,** lo que no sucede en otros delitos, como el de agresiones sexuales ya que, en ellos, el perdón del ofendido o del representante legal no extingue la acción penal o la responsabilidad criminal.

> **A TENER EN CUENTA.** Con la publicación de la **Ley Orgánica 8/2021, de 4 de junio,** con entrada en vigor el 25/06/2021, respecto al **perdón de la persona ofendida,** se elimina ese perdón como causa de extinción de la responsabilidad criminal, cuando la víctima del delito sea una persona menor de dieciocho años, completando de este modo la protección de los niños, niñas y adolescentes ante delitos perseguibles a instancia de parte. Se ven modificados los artículos 130, 201, 215 y 267 del Código Penal.

Asimismo, de acuerdo con el **artículo 130.1.5.º CP, el perdón habrá de ser otorgado de forma expresa antes de que se haya dictado sentencia,** a cuyo efecto la autoridad judicial sentenciadora deberá oír a la persona ofendida por el delito antes de dictarla.

Sin embargo, de acuerdo, con la **sentencia del Tribunal Supremo n.º 534/2015, de 23 de septiembre, ECLI:ES:TS:2015:3892,** el perdón del ofendido no es contemplado por el legislador cuando se tratan de delitos que afecten a intereses generales o a bienes jurídicos respecto de los que el ofendido no tiene una especial disponibilidad, incluso, **en ocasiones, aunque el inicio de la causa penal queda en manos del ofendido,** una vez iniciada aquella, el eventual perdón del ofendido podría carecer de eficiencia alguna.

Por lo tanto, para que el perdón del ofendido sea eficaz deben de darse los siguientes requisitos:

- Libre y expreso.
- Se debe de otorgar antes de que se haya dictado sentencia.
- Antes de dictar sentencia el juez o tribunal deberá de oír al ofendido.
- **El ofendido por el delito o su representante legal,** si fuera menor o incapaz, **serán quien deba aceptar o no el perdón.**

El punto 5.º del apartado 1 del artículo 130 del CP, como expusimos anteriormente, se ha visto modificado con efectos desde el 25/06/2021 por la publicación de la LO 8/2021, de 4 de junio, pasando a establecer:

«5.º Por el perdón de la persona ofendida, cuando se trate de delitos leves perseguibles a instancias de la persona agraviada o la ley así lo prevea. El perdón habrá de ser otorgado de forma expresa antes de que se haya dictado sentencia, a cuyo efecto la autoridad judicial sentenciadora deberá oír a la persona ofendida por el delito antes de dictarla.

En los delitos cometidos contra personas menores de edad o personas con discapacidad necesitadas de especial protección que afecten a bienes jurídicos eminentemente personales, el perdón de la persona ofendida no extingue la responsabilidad criminal».

5.
DELITO DE CALUMNIAS

El delito de calumnia se regula en el artículo 205 del Código Penal y consiste en **la imputación de un delito hecha con conocimiento de su falsedad o temerario desprecio hacia la verdad**. Este derecho ha sido reconocido en varios tratados internacionales suscritos por España. Entre ellos, se puede destacar la Declaración Universal de los Derechos del Hombre de 1948, cuyo artículo 12 reconoce el principio de que «Nadie será objeto de injerencias arbitrarias en su vida privada, su familia, su domicilio o su correspondencia, ni de ataques a su honra o a su reputación. Toda persona tiene derecho a la protección de la ley contra tales injerencias o ataques».

La calumnia es un delito con el que se pretende proteger el **honor de la persona**, entendido este, como ya hemos señalado anteriormente, como sentimiento íntimo que rodea la dignidad moral o la autoestima. Fuera del aspecto subjetivo, analizando el aspecto objetivo del honor, consiste en la apreciación o estima que se percibe de una persona desde el exterior, relativa a las cualidades morales de la persona.

5.1. Conducta típica: tipos de la calumnia

Requisitos

De acuerdo con lo señalado por la **Audiencia Provincial de Córdoba en su sentencia n.º 38/2007, de 15 de febrero, ECLI:ES:APCO:2007:272**, entre muchas otras, el delito de calumnia precisa los requisitos siguientes:

- **Imputación a una persona de un hecho delictivo**: es decir, atribuir, achacar o cargar en cuenta de otro una infracción criminal de tal rango, es decir, de las más graves y deshonrosas que la ley contempla.

- **Imputación falsa**: debe de ser una imputación de un hecho delictivo subjetivamente inveraz, con manifiesto desprecio de toda confrontación con la realidad, o a sabiendas de su inexactitud; la falsedad de la imputación ha de determinarse fundamentalmente con parámetros subjetivos.

– **No bastan atribuciones genéricas, vagas o analógicas**: las imputaciones han de recaer sobre un hecho inequívoco, concreto y determinado, preciso en su significación y catalogable criminalmente, dirigiéndose la imputación a una persona concreta e inconfundible, de indudable identificación, en radical aseveración, lejos de la simple sospecha o débil conjetura, debiendo contener la falsa asignación los elementos requeridos para la definición del delito atribuido, según su descripción típica, aunque sin necesidad de una calificación jurídica por parte del autor.

– **Concurrencia del elemento subjetivo del injusto**: esto es, el ánimo de infamar o intención específica de difamar o agraviar al destinatario de esta especie delictiva; voluntad de perjudicar el honor de una persona atribuyéndole la comisión de un delito, con finalidad de descrédito o pérdida de estimación pública, sin que sea exigible tal ánimo como única meta del ofensor, bastando con que aflore, trascienda u ostente papel preponderante en su actuación sin perjuicio de que puedan hacer acto de presencia cualesquiera otros móviles inspiradores, criticar, informar, divertir, etc., con tal de que autor conozca el carácter ofensivo de su impugnación, aceptando la lesión del honor resultante de su actuar.

Tipo objetivo del delito de calumnia

El delito de calumnia requiere que la imputación que determina **la acción ejercitada sea precisa, concreta, terminante y determinada** con respecto a los hechos, de manera que, **se excluye toda imputación genérica o ambigua** (sentencia del Tribunal Supremo n.º 59/1994, de 17 de enero, ECLI:ES:TS:1994:59).

Así, **las imputaciones deben de ser concretas y terminantes**, que en lo básico contengan los elementos requeridos para definir el delito atribuido. A modo de ejemplo, no constituye el delito de calumnia llamar a otra persona «estafador» o «ladrón», si no se le atribuyen específicamente hechos que sean constitutivos de tales figuras penales, sin perjuicio de que podamos estar ante unas injurias (**sentencia del Tribunal Supremo n.º 258/2020, de 28 de mayo, ECLI:ES:TS:2020:1599**).

Es indudable, por lo tanto, desde este punto de vista, que **no cumplirán con el requisito de la imputación precisa, concreta y determinada de un delito aquellas afirmaciones que sólo hacen referencia a alguna vinculación**, no precisada, de una persona con un hecho delictivo que se imputa a otras.

Sobre todo, ello es así **cuando la información falsa se concreta en asignar al afectado una posición procesalmente ambigua como la detención**, sin explicación de las acusaciones específicas que pesarían sobre el detenido. En tales casos, la imputación requiere un proceso de inferencias que la mediatiza de tal manera que es prácticamente imposible considerarla como determinada.

Tipo subjetivo del delito de calumnia

No existe consenso en cuanto a este elemento del delito por parte de la doctrina. Una parte entiende que es necesaria la concurrencia del ánimo de difamar en el delito de calumnias *(animus difamandi)*, se trata de la **voluntad de perjudicar el honor de una persona atribuyéndole la comisión de un delito para descreditarla ante la opinión pública.** No es necesario, sin embargo, que este sea el objetivo último del autor, sino que basta con que trascienda u ostente papel preponderante en su actuación, pudiendo actuar otros móviles.

Por otro lado, otra parte de la doctrina que se ve reflejada, por ejemplo, en la **sentencia del Tribunal Supremo n.º 1023/2012, de 12 de diciembre, ECLI:ES:TS:2012:8727** entiende que la descripción típica actual **configura el delito de calumnias como una infracción eminentemente dolosa, en la que se agota el tipo subjetivo tanto por la concurrencia de dolo directo como eventual, sin que se exija, como se ha dicho antes, el *animus difamandi* que necesariamente ya está abarcado por el dolo.** En ausencia de ese elemento subjetivo del injusto artificialmente sumado al dolo que exige el tipo, carece de sentido el debate acerca de la posibilidad de hacer compatible la embriaguez, que se aprecia como alteración de la imputabilidad y valorable, por tanto, en el momento del examen de la culpabilidad, y un singular ánimo de difamar que, como venimos insistiendo, no es exigible.

En esta misma línea, y en la opinión de los que siguen este punto de vista, es preciso que la acción «se haya llevado a cabo a sabiendas de su inexactitud» o con «manifiesto desprecio de la verdad», es decir, admitiendo también que el delito requiere una falsedad objetiva que haya sido sabida o despreciada. **Definido, en consecuencia, el *animus injuriandi* como el conocimiento del carácter lesivo del honor y la asunción de las consecuencias dañosas.** Por lo que, parece claro que el *animus injuriandi* se confunde con el dolo del tipo, pues quien sabe que imputa un delito obra ya con todo el elemento subjetivo ya que, necesariamente, sabe que realiza una acción lesiva del honor de otro.

Subtipo agravado del delito de calumnia

El artículo 206 del Código Penal establece que las calumnias serán castigadas con unas penas de prisión de seis meses a dos años o multa de doce a 24 meses, si se propagaran con publicidad y, en otro caso, con multa de seis a 12 meses.

Según la doctrina, **se agrava el delito de calumnias porque se incrementa considerablemente el daño provocado al honor de la víctima en los supuestos en los que la calumnia tiene lugar con publicidad.**

Por otro lado, en el capítulo de disposiciones generales comunes a los delitos de injurias y calumnias, el artículo 211 del Código Penal indica que se reputará hecha con publicidad la calumnia cuando se propaguen por medio de la imprenta, la radiodifusión o por cualquier otro medio de eficacia semejante.

Por último, en el artículo 213 del Código Penal indica que, si la calumnia o injuria fueren cometidas mediante precio, recompensa o promesa, los tribunales impondrán, además de las penas señaladas para los delitos de que se trate, la de inhabilitación especial prevista en los artículos 42 o 45 del Código Penal, por tiempo de seis meses a dos años.

Como conclusión, en cuando a la discusión en torno a si en el delito de calumnia se requiere o no un animus especial además del dolo, no tiene trascendencia práctica, **pues lo que se considera como *animus injuriandi* en la teoría y en parte de la jurisprudencia, se confunde con los elementos del dolo del tipo** (sentencia Tribunal Supremo, rec. 1713/1990, de 22 de abril de 1991, ECLI:ES:TS:1991:2188).

Imputación de un delito y falsedad de la imputación: *exceptio veritatis*

Como ya se ha dicho, el delito de calumnia consiste la **imputación de un delito hecha con conocimiento de su falsedad o temerario desprecio hacia la verdad.**

La referida imputación **debe de ser de hechos que sean constitutivos de un delito previsto y tipificado en el Código Penal,** no basta con achacar genéricamente hechos constitutivos de la infracción penal, sino que **es necesario que esa imputación se haga de modo específico y en todo caso individualizado** y que puedan apreciarse de forma evidente las características genéricas del tipo delictivo que se achaca al presuntamente calumniado.

Se expresa en el artículo 207 del Código Penal que **el acusado por delito de calumnia quedará exento de toda pena probando el hecho criminal que hubiere imputado.**

Conviene empezar realizando un análisis sobre la constitucionalidad de este artículo. En la sentencia del Tribunal Supremo n.º 192/2001, de 14 de febrero, ECLI:ES:TS:2001:1001 establece que es claro que **no es contrario al derecho a la presunción de inocencia, ya que es una norma fundamentada en ese derecho, del que también son titulares las personas a las que se ha imputado (falsamente o con temerario desprecio de la verdad) un determinado hecho delictivo.**

> **CUESTIÓN**
>
> **¿Sobre quién recae la prueba de la *exceptio veritatis*?**
>
> De acuerdo con el principio de que «toda persona es inocente mientras no se demuestre lo contrario», la carga de la prueba de dicha demostración no pesa sobre quién resulta acusado si no sobre quién efectúa la acusación. Por lo que la carga de la prueba siempre recaerá sobre el presunto culpable de calumnias o injurias.

Cuando se ha acreditado la concurrencia del elemento objetivo del tipo de injuria, el acusado puede acudir a los medios de defensa, que son compatibles. En caso de acudir a la *exceptio veritatis*, **solo la demostración de la veracidad de la imputación permitirá el amparo de esta causa de justificación, pues de** otro modo entra en juego la presunción de inocencia de los calumniados, que determina la falsedad de una imputación delictiva no acreditada.

Por su parte, la sentencia de la Audiencia Provincial de Sevilla n.º 326/2006, de 14 de junio, ECLI:ES:APSE:2006:1670 señala que, antes de nada, lo que se debe hacer es analizar si el hecho es constitutivo de infracción criminal y luego analizaremos si es posible eximirle de pena probando el hecho criminal que ha imputado, pero si las expresiones no son calumniosas porque no se ha actuado con manifiesto desprecio a la verdad, no se debe siquiera plantear la posibilidad de la exención de pena por la *exceptio veritatis*.

5.2. Consumación. Dolo y error de tipo

El delito de calumnia se consuma en el momento en el que la calumnia se manifiesta independientemente de que el calumniado tenga conocimiento de la comisión del delito.

Dolo: *animus calumniandi*

El delito de calumnias es un delito eminentemente doloso. En cuanto al dolo, es la conciencia del contenido atentatorio contra el honor de la expresión proferida por el sujeto activo, es decir, el delito de calumnias exige la concurrencia de un específico e indubitado ánimo de atentar contra la fama, el honor o la reputación de las personas.

Por lo tanto, el elemento subjetivo y finalista del tipo es el propósito de atentar al honor y a la fama del ofendido. Ello quiere decir que la imputación del delito ha de ser falsa, subjetivamente inveraz, bien porque se haya llevado a cabo a sabiendas de su inexactitud, bien porque se haya procedido con desprecio absoluto hacia la verdad. De ahí que, si no hay una voluntad auténtica de ofender en su honra al calumniado, no existe el delito, pues la llamada difamación por ligereza no está tipificada en la ley penal (sentencias del Tribunal Supremo, rec. 2641/1990, de 12 de julio de 1991, ECLI:ES:TS:1991:4142 y n.º 439/1996, de 17 de mayo, ECLI:ES:TS:1996:2954).

Error de tipo y de prohibición

Como ejemplo explicativo para el desarrollo de estos conceptos se puede utilizar la sentencia de la Audiencia Provincial de Pontevedra n.º 396/2015, de 27 de julio, ECLI:ES:APPO:2015:1708, en la que la recurrente basa su recurso, entre otros motivos, en la existencia de error de prohibición invencible. La Audiencia entiende que no es apreciable el error de prohibición invencible o aplicación de circunstancias atenuantes relativas al estado psíquico de la acusada, y ello por la propia naturaleza del delito cometido (calumnias por escrito con publicidad contra funcionarios y autoridades) a lo que habrá de añadirse respecto al invocado error de prohibición, que existe un tiempo entre la redacción y la impresión y publicación, en la que el sujeto activo puede salir de ese error o estado de una manera sencilla tal como es el propio asesoramiento a través de un abogado, lo cual encaja en la descripción del error de prohibición vencible.

Por otro lado, en la **sentencia del Tribunal Supremo n.º 602/2015, de 13 de octubre, ECLI:ES:TS:4151**, sostiene la defensa la falta de dolo que, según su criterio, debería traducirse en un error de prohibición, vencible para los acusados, invencible para las acusadas, subrayándose las circunstancias personales de las mujeres que, en palabras del recurrente, se habrían limitado a ser meras espectadores del hecho ejecutado por los acusados, así como la concepción patriarcal y de dominación que la cultura de la que forman parte los acusados predica respecto a las relaciones entre hombre y mujer.

La sala entiende que la ausencia de dolo nos situaría en la valoración de un error de tipo, no de error de prohibición. Como recuerda la **sentencia del Tribunal Supremo n.º 737/2007, de 13 de septiembre, ECLI:ES:TS:2007:6184**, «(...) la doctrina de la Sala Segunda asume, en coincidencia con la nomenclatura del legislador, luego repetida en el vigente artículo 14 del C.P., la distinción entre error de tipo (imbricado con la tipicidad) y error de prohibición»:

- **Error de tipo**: conocimiento equivocado o juicio falso sobre alguno o todos los elementos descritos por el tipo delictivo, que tiene distinta relevancia según recaiga sobre los elementos esenciales o circunstanciales del tipo:

  - **Esenciales**: sus efectos se subordinan al carácter vencible o invencible del error.

  - **Circunstanciales**: la simple concurrencia del error sobre alguna de aquellas circunstancias calificativas impide la apreciación de ésta.

- **Error de prohibición**: falta de conocimiento de la antijuricidad de la conducta, que a su vez se divide en:

  - **Directo**: error sobre la norma prohibitiva.

  - **Indirecto**: error sobre la causa de justificación.

El error se debe demostrar de manera indubitada y perfectamente palpable, ya que la jurisprudencia ha determinado que el propio concepto de error excluye por su significado gramatical la idea de duda. En este sentido, error o creencia errónea equivale a desconocimiento o conocimiento equivocado, pero en todo caso firme.

En el caso tratado por la **sentencia del Tribunal Supremo n.º 602/2015, de 13 de octubre, ECLI:ES:TS:4151**, es evidente que ningún error de tipo puede ser invocado. Los acusados eran conscientes de que privaban de libertad a S. y le anulaban su libertad ambulatoria. De hecho, todos ellos participaron, con una u otra contribución, en la efectividad del encierro. El dolo, por tanto, captó todos los elementos del tipo por el que se formuló acusación. Otra cuestión es que la conducta pudiera afectar a la culpabilidad de los autores por la aplicación del error de prohibición. Sin embargo, no se puede deducir en la causa que las creencias y carencias culturales que reivindica la defensa puedan desplazar la vigencia de los principios y valores sobre los que se construye nuestra convivencia social.

5.3. Relaciones concursales: acusación, denuncia falsa y falso testimonio

Acusación y denuncia falsa

El **delito de denuncia falsa se recoge en el artículo 456 del Código Penal**, cuyo tenor literal:

> «Los que, con conocimiento de su falsedad o temerario desprecio hacia la verdad, imputaren a alguna persona hechos que, de ser ciertos, constituirían infracción penal, si esta imputación se hiciera ante funcionario judicial o administrativo que tenga el deber de proceder a su averiguación».

La jurisprudencia y la doctrina han señalado generalmente que el **bien jurídico protegido** en este delito es doble (**sentencia Tribunal Supremo n.º 1193/2010, de 24 de febrero, ECLI:ES:TS:2011:1089**):

- El **correcto funcionamiento de la Administración de Justicia**, que se perjudica al verse en la precisión de llevar a cabo actuaciones procesales penales basadas en hechos cuya falsedad consta desde el inicio a quien los pone en su conocimiento.

- El **honor de la persona a la que se imputan los hechos falsos**, que se ve afectado negativamente al aparecer como imputado en una causa penal.

En cuanto al **tipo objetivo del delito**, requiere que sean falsos los hechos atribuidos al denunciado o querellado, sin que a esos efectos tenga trascendencia la valoración jurídica que el querellante o denunciante pueda hacer de los mismos. Lo que se sanciona penalmente no es una errónea calificación de parte, sino la imputación de hechos falsos, además es preciso que la imputación se haga ante funcionario judicial o administrativo que deba proceder a su averiguación (**sentencia Tribunal Supremo n.º 1193/2010, de 24 de febrero, ECLI:ES:TS:2011:1089**).

El **tipo subjetivo**, por su parte, exige que el autor conozca la falsedad de la imputación. No basta con la falsedad de los hechos que se imputan, sino que es preciso que quien hace la imputación tenga la conciencia de que esos hechos no corresponden con la realidad (**sentencia Tribunal Supremo n.º 1193/2010, de 24 de febrero, ECLI:ES:TS:2011:1089**). En el mismo sentido,

Falso testimonio

El delito de falso testimonio se regula en el **artículo 458 del Código Penal**:

> «1. El testigo que faltare a la verdad en su testimonio en causa judicial, será castigado con las penas de prisión de seis meses a dos años y multa de tres a seis meses.
> 2. Si el **falso testimonio se diera en contra del reo en causa criminal por delito**, las penas serán de prisión de uno a tres años y multa de seis a doce meses. Si a consecuencia del testimonio hubiera recaído sentencia condenatoria, se impondrán las penas superiores en grado».

Este delito es un **delito especial**, pues solo puede ser cometido por un testigo.

Relación concursal

En relación entre los delitos de acusación y denuncias falsas y falso testimonio cuando concurren sucesivamente, es decir, cuando se produce primero el de acusación o denuncia falsa y después el de falso testimonio, se trata de un caso de progresión delictiva, presidido por el mismo dolo del sujeto que debe dar lugar a la calificación conforme al delito que sanciona más gravemente la conducta desplegada por el mismo, que es el falso testimonio previsto en el artículo 458.2 del Código Penal.

6.
DELITO DE INJURIAS

De acuerdo con el artículo 208 del Código Penal, es injuria **la acción o expresión que lesionan la dignidad de otra persona, menoscabando su fama o atentando contra su propia estimación.**

Solamente serán constitutivas de delitos las injurias que, por su naturaleza, efectos y circunstancias, **sean tenidas en cuenta en el concepto público por graves**.

En el delito de injurias, dispone la **STS n.º 344/2020, de 25 de junio, ECLI:ES:TS:2020:2100**:

> «(...) el **bien jurídico protegido es el derecho al honor**, que no solo se conforma con la fama que pueda tener una persona, esto es, con su valoración social o con la consideración que de ella puedan tener terceras personas, sino que comporta también que nadie puede ser despreciado en su respeto personal más elemental, impidiendo que pueda sufrir una sensación de bajeza humana que pueda socavar la propia autoestima del individuo, ya que el derecho constitucional al honor (artículo 18 CE) tiene por fundamento la dignidad humana.
>
> De este modo, pueden ser constitutivas de delito las injurias las acciones o expresiones dirigidas a menoscabar la dignidad de una persona por más que no se desvele públicamente la persona contra la que se dirigen, siempre que el sujeto pasivo del delito las perciba y que objetivamente sean adecuadas para degradar o menoscabar su consideración como persona».

6.1. Conducta típica: tipos de injuria

Para la existencia de un delito de injurias, cuyo bien jurídico protegido lo constituye el honor inherente a la dignidad de la persona, se requiere la concurrencia de dos elementos fundamentales (**sentencia de la Audiencia Provincial de Burgos n.º 270/2015, de 15 de junio, ECLI:ES:APBU:2015:458**):

– **Elemento objetivo**: constituido por los actos o las expresiones proferidas que están ahí, siempre acreditados y respecto de los que el sujeto pasivo se sintió atacado, menospreciado o desacreditado. Estos actos o expresiones deben de tener en si la suficiente potencia ofensiva para lesionar la dignidad de la persona, menoscabando su fama o atentando contra su propia estimación.

– **Elemento subjetivo**: supone la intención, como dolo específico de causar y originar el perjuicio antes señalado. Es decir, el *animus injuriandi*, que, como dolo específico de esta infracción penal, eminentemente tendencial, implica la intención de causar un ataque a la dignidad ajena, el propósito de ofender la dignidad personal, de menoscabar la fama de la persona, o atentar contra su propia estima.

– **Elemento circunstancial**: aglutina cuantos factores o datos personales, de ocasión, lugar, tiempo, forma, etc., valorativamente apreciados, contribuyan, de una parte, a esclarecer la verdadera intención o propósito que animaba al sujeto que profiera la ofensa y, de otra, contribuyan a determinar la importancia y magnitud de los tipos del Código Penal.

Injurias graves hechas con publicidad

El artículo 209 del Código Penal marca la pena para las **injurias graves** hechas con publicidad castigándolas con la pena de multa de seis a catorce meses, y, en otro caso, con la de tres a siete meses cuando no tengan dicha publicidad.

La agravación para aquellos supuestos en los que la acción injuriosa se despliegue con publicidad responde a la magnitud del daño que puede causarse al honor mediante la utilización de determinados mecanismos de divulgación.

El artículo 211 del Código Penal dispone que la calumnia y la injuria se reputarán hechas con publicidad cuando se propaguen por medio de la imprenta, la radiodifusión o por cualquier otro medio de eficacia semejante. No obstante, propagar significa posibilitar que algo se extienda o multiplique.

Por lo tanto, la agravación del artículo 209 del Código Penal estará sujeta a una condición objetiva que no se circunscribe a que un conjunto de individuos pueden ver afectada la consideración que tengan o que puedan formarse sobre una persona, sino que **también alcanza a aquellos supuestos en los que lo que se agrede es la autoestima del sujeto pasivo, potenciándose o multiplicándose la lesividad de los hechos mediante instrumentos de divulgación pública que fortalezcan la acción expresamente emprendida para atacar el bien jurídico** (sentencia del Tribunal Supremo n.º 344/2020, de 25 de junio, ECLI:ES:TS:2020:2100).

Por otro lado, **las injurias que consistan en la imputación de hechos, no se considerarán graves, salvo cuando se hayan llevado a cabo con conocimiento de su falsedad o temerario desprecio hacia la verdad, y además lesiones la dignidad de la persona.**

Exención de responsabilidad por injurias

De acuerdo con el artículo 210 del Código Penal, el acusado de injuria quedará **exento de responsabilidad probando la verdad de las imputaciones** cuando estas se dirijan **contra funcionarios públicos** sobre hechos concernientes al ejercicio de sus cargos o referidos a la comisión de infracciones administrativas.

Así se entiende que en el supuesto de que la expresión o la manifestación realizada por el sujeto activo fuera veraz, esta quedaría exenta de responsabilidad penal. Para ello, deberíamos distinguir entre dos situaciones diferentes.

Si la injuria se dirige a particulares, la regla general es que la *exceptio veritatis* no sea aplicada en este caso. En cambio, si la injuria se dirige contra funcionarios públicos sobre hechos relativos al ejercicio de sus cargos o a la comisión de infracciones administrativas, en el supuesto de que pueda probarse la veracidad de dichos hechos el acusado quedará absuelto.

Del tenor literal del artículo cabe decir que resulta clara la letra de la ley cuando hace referencia a que el sujeto pasivo de la injuria debe ser funcionario público, **la exclusión de responsabilidad se refiere únicamente a los comentarios atentatorios contra el honor de funcionarios públicos por hechos cometidos en el ejercicio de sus cargos.**

En todo caso, es importante destacar que **no existe un delito específico de injurias graves realizadas a funcionario público.** La posibilidad de *exceptio veritatis* del precitado artículo 210 del Código Penal y la eliminación para los supuestos en el contemplados de la condición de perseguibilidad, no implica la existencia de un delito de injurias contra funcionario público diferente al tipo básico del artículo 208 del Código Penal, en este sentido se pronuncia la **sentencia de la Audiencia Provincial de Madrid n.º 343/2012, de 9 de abril, ECLI:ES:TS:APM:2012:11401.**

En definitiva, la exclusión de responsabilidad se refiere únicamente a los comentarios atentatorios contra el honor de funcionarios públicos por hechos cometidos en el ejercicio de sus cargos.

6.2. Dolo: *animus injuriandi*

El denominado *animus injuriandi*, como **dolo específico del delito de injurias**, que es eminentemente tendencial, implica la intención de causar un ataque a la dignidad ajena el propósito de ofender la dignidad personal, de menoscabar la fama de la persona o atentar contra su propia estima.

Sin *animus injuriandi* no podrá consumarse el delito de injurias.

La determinación de si concurre o no, en el sujeto esa intención o animus, no puede, generalmente hacerse de modo directo, sino que, por afectar a la esfera íntima de la persona, habrá de inferirse indirectamente, a través —o a partir— de las manifestaciones externas de su conducta debidamente acreditadas y, por tanto, atendiendo a la serie de hechos que integran el núcleo del tipo penal y sirven tanto para investigar tanto el ánimo de injurias, como la gravedad de la injuria.

De tal modo que **la intención de injuriar pertenece al ámbito del psiquismo humano y hay que deducirlo de hechos y circunstancias que puedan orientar en la búsqueda del sentido que hay que atribuir a las expresiones o acciones.**

6.3. Injurias y la libertad de expresión

La libertad de expresión no es, en suma, un **derecho fundamental absoluto e ilimitado**, sino que tiene, lógicamente, como todos los demás, sus límites, de manera que cualquier expresión no merece, por el simple hecho de serlo, protección constitucional, toda vez que el apartado 1 a) del artículo 20 de la CE no reconoce un pretendido derecho al insulto.

En consecuencia a esto, el Tribunal Supremo ha declarado repetidamente (como en la **sentencia n.º 79/2018, de 15 de febrero, ECLI:ES:TS:2018:397**) que **quedan fuera de la protección constitucional del artículo 20.1 a) de la Constitución Española las expresiones indudablemente injuriosas o sin relación con las ideas u opiniones que se expongan y que resulten innecesarias para la exposición de las mismas,** es decir, las que en las concretas circunstancias del caso sean ofendidas u oprobiosas.

Y es que **los derechos fundamentales son valores objetivos y esenciales del Estado democrático y como tales están dotados de un valor superior,** lo que pone de relieve la necesidad de su ponderación, para poder establecer en cada caso, **si el ejercicio de la libertad de expresión ha supuesto lesión del derecho al honor y, en caso afirmativo, si esa lesión viene o no justificada por el valor prevalente de tales libertades,** ya que la dimensión constitucional del conflicto convierte en insuficiente el criterio subjetivo del *animus injuriandi* utilizado para el enjuiciamiento del delito de injurias.

Una vez aclarado lo anterior, el debate se traslada a un distinto plano, en el que no se trata de establecer si el ejercicio de la libertad de expresión ha ocasionado una lesión al derecho al honor penalmente sancionable, sino determinar si tal ejercicio opera o no como causa excluyente de antijuricidad. **El problema de la preferencia del derecho al honor o a la libertad de expresión se tiene que resolver en el ámbito de la justificación,** o sea, de la antijuricidad (sentencia de la Audiencia Provincial de Burgos n.º 270/2015, de 15 de junio, ECLI:ES:APBU:2015:458).

El Tribunal Europeo de Derechos Humanos también ha apostado por la libertad de expresión como preferente y mantiene que cualquier injerencia en ella debe responder a una necesidad social imperiosa, estar proporcionada con la legítima finalidad pretendida y justificarse por motivos que no sólo sean meramente razonables, sino aplicables y suficientes (**sentencia de la Audiencia Provincial de Burgos n.º 270/2015, de 15 de junio, ECLI:ES:APBU:2015:458**).

En este sentido, existen una serie de parámetros que debemos tener en cuenta para establecer el límite de la libertad de expresión (**auto del Tribunal Supremo, rec. 20281/2020, de 16 de septiembre de 2020, ECLI:ES:TS:2020:6671A**):

- La libertad de expresión no es solo la manifestación de pensamientos e ideas, sino que comprende la crítica de la conducta de otro, aun sea desabrida y pueda molestar, inquietar o disgustar a aquel contra quien se dirige (sentencia del Tribunal Constitucional n.º 125/2007, de 21 de mayo, ECLI:ES:2007:125).

- El pluralismo, la tolerancia y el espíritu de apertura llevan consigo que dentro de la denominada sociedad democrática no se imponga un criterio rigorista que entienda que toda crítica a terceros entra de lleno en el terreno de la persecución penal.

- Esta plasmación de derecho constitucionales de libertad de expresión e información no admiten que todo pueda caber dentro de la protección constitucional, ya que fuera del ámbito de protección de dichos derechos se sitúan las frases y expresiones ultrajantes u ofensivas, sin relación con las ideas u opiniones que se expongan, y por tanto, innecesarias a este propósito, dado que **el artículo 20.1 de la CE no reconoce un pretendido derecho al insulto, que sería, por lo demás, incompatible con la norma fundamental**.

Por lo tanto, no toda crítica o expresión sobre personas o instituciones, representa una vulneración del derecho al honor o a la intimidad, ya que en tal caso no se podría ejercer libremente el derecho de libertad de expresión, ni el derecho de información, por lo que toda persona tiene derecho a ejercitar dicha libertad de expresión y a difundir sus ideas y opiniones dentro de los límites legales, como corresponde a una sociedad libre regulada por un Estado de Derecho, en el que el Derecho a la libertad es uno de sus pilares básicos.

Así, el cauce para conseguir la solución de la colisión entre el derecho al honor y la libertad de expresión y los problemas que se plantean cuando se difunden opiniones o expresiones sobre determinadas personas, ha sido delimitado por la doctrina jurisprudencial que, en síntesis, ha establecido lo siguiente (**auto del Tribunal Supremo, rec. 20281/2020, de 16 de septiembre de 2020, ECLI:ES:TS:2020:6671A**):

1. Que **las libertades de expresión y de información gozan de una situación preferente dada su significación en orden a la formación de la opinión pública en una sociedad democrática** (tales libertades no sólo son derechos de la persona, sino además, al ser garantía de la opinión pública, constituyen una institución ligada de manera inescindible al pluralismo político, valor esencial del Estado democrático; por esta razón ambas libertades están dotadas de una eficacia que transciende a la que es común y propia de los demás derechos fundamentales), **pero su especial relevancia no puede llevar al desconocimiento del límite constitucional que para ellas supone el derecho al honor, también constitucionalmente protegido**.

2. Se hace necesario **distinguir entre el ejercicio de la libertad de informa-ción de hechos y el ejercicio de la libertad de expresión (opinión y crítica)**; en el primer caso, es exigible la concurrencia de varios requisitos ineludibles:

a) La **veracidad de la información**, atemperada por la idea de razonable diligencia en la búsqueda de lo cierto, o si se prefiere, de la especial diligencia a fin de contrastar debidamente la información, de tal ma-nera que veracidad no puede equipararse a verdad objetiva e incon-testable de los hechos y por la relevancia de las personas implicadas y el interés público en el asunto.

b) El **interés y la relevancia de la información divulgada**, como presu-puesto de la misma idea de «noticia» y como indicio de la correspon-dencia de la información con un interés general en el conocimiento de los hechos sobre los que versa.

c) **No es lícito utilizar expresiones insultantes, insinuaciones insidio-sas y vejaciones innecesarias para el recto ejercicio de la libertad ejercitada.** Por ello, no merecen protección constitucional aquellas informaciones en que se utilicen insinuaciones insidiosas y vejacio-nes dictadas por un ánimo ajeno a la función informativa o cuando se comuniquen, en relación con personas privadas, hechos que afecten a su honor y que sean innecesarios e irrelevantes para lo que cons-tituye el interés público de la información. Respecto a la libertad de expresión, si bien es de naturaleza más amplia porque no opera el re-quisito de la veracidad, tiene declarado el Tribunal Constitucional que aparecerán desprovistas del valor de causa de justificación las frases formalmente injuriosas o aquellas que carezcan de interés público y, por tanto, resulten innecesarias a la esencia del pensamiento, idea u opinión que se expresa, o cuando las expresiones vertidas aparecen como calificaciones de la conducta sobre la que se informa y formu-ladoras de conjeturas atributivas de otros hechos ajenos a los com-prendidos en la información.

3. Para apreciar una conducta integrable en una contravención de los pre-ceptos que protegen el honor de las personas, los tribunales están obligados a efectuar un juicio ponderado que les permita dilucidar, a la vista de las cir-cunstancias presentes en el caso concreto, si semejante conducta encuentra cabal acomodo en el ejercicio del derecho fundamental referido; es decir, **si al ejercitarse la libertad de expresión o información resulta lesionado el derecho al honor, de suerte que el órgano judicial habrá de valorar si la conducta de los agentes estuvo justificada por hallarse dentro del ámbito de las referidas libertades o si por faltar tal justificación o resultar carente de fundamento se habrían lesionado las mismas.**

7.
EL PROCESO PENAL POR INJURIAS Y CALUMNIAS CONTRA PARTICULARES

Es en el título IV del libro IV de la Ley de Enjuiciamiento Criminal donde encontramos, bajo la rúbrica «del procedimiento por delitos de injuria y calumnia contra particulares», los preceptos reguladores que habremos de tener en cuenta en el procedimiento a seguir contra los responsables de los tipos penales de injuria y calumnia (**artículos 804 a 815 de la LECrim**).

A TENER EN CUENTA. Las especialidades del procedimiento **no serán de aplicación a los delitos públicos** de calumnia e injuria, como son, por ejemplo, las calumnias e injurias al Rey, a la Reina o a cualquiera de sus ascendientes o descendientes del apartado 3 del artículo 490 del Código Penal o las calumnias e injurias proferidas a las Instituciones del Estado del artículo 504 del Código Penal, entre otros).

De acuerdo con la jurisprudencia, el cauce procesal idóneo para el enjuiciamiento de los delitos de injuria y calumnia es el procedimiento abreviado, cuyas normas habrán de combinarse con las específicas del título IV del libro IV de la LECrim (entre otras, STS n.º 2202/1994, de 16 de julio, ECLI:ES:TS:1994:13049). La competencia para el enjuiciamiento ha de determinarse conforme a la penalidad de tales delitos, lo que supondrán, normalmente, atribuir esta a los juzgados de lo penal, con posibilidad de apelación ante la Audiencia Provincial (AAP de Madrid n.º 282/2018, de 26 de abril, ECLI:ES:APM:2018:1573A). Sin embargo, en las injurias graves hechas sin publicidad del artículo 209 del Código Penal, castigadas con multa de 3 a 7 meses, el procedimiento a seguir será el previsto en el libro VI de la LECrim por acceder, en su calidad de delito leve, a la esfera competencial del juez de instrucción, sin perjuicio de la aplicación de las especialidades del título IV del libro IV de la LECrim.

A TENER EN CUENTA. Son de destacar para ampliar información sobre el proceso:

- La Circular 1/2015, sobre pautas para el ejercicio de la acción penal en relación con los delitos leves tras la reforma operada por la LO 1/2015. (Fiscalía General del Estado).

- La Consulta 2/1994, de 28 de noviembre, sobre procedimiento idóneo para el enjuiciamiento de los delitos de injuria y calumnia. (Fiscalía General del Estado).

En materia de competencia territorial de los delitos de injurias y calumnias rige en principio el sistema que, con carácter general, establece el artículo 14 de la Ley de Enjuiciamiento Criminal a los órganos judiciales del lugar donde la infracción hubiere sido cometida. No obstante, tal y como se pone de manifiesto en, entre otras, la **SAP de Cáceres n.º 139/2016, de 7 de junio, ECLI:ES:APCA:2016:1026,** la expresión legal es incompleta al no resolverse en ella los supuestos en que el lugar de realización de la acción no coincide con la producción del resultado lesivo.

Así pues, tal y como señala la sala en la precitada sentencia, el Tribunal Supremo, al objeto de resolver las lagunas legales, barajando la teoría de la actividad, de la ubicuidad y del resultado, se ha inclinado por **identificar el lugar de la comisión con el lugar de la consumación**:

- **Injurias o calumnias postales, telefónicas o vía internet**: la competencia corresponderá al juez o tribunal del lugar en que ésta es recibida por el destinatario, que no necesariamente ha de ser el ofendido. (**AAP de Madrid n.º 214/2016, de 27 de febrero, ECLI:ES:APM:2006:1423A**, entre otras).

- **Injurias o calumnias a través de imprenta**: la competencia corresponderá al juez o tribunal del lugar donde se encuentra ubicada la distribuidora de la publicación toda vez que el conocimiento por el ofendido de la calumnia o injuria no es necesario para la consumación.

- **Injurias o calumnias radiofónicas o televisivas**: resultará competente el juez o tribunal del lugar donde se lleva a cabo la emisión.

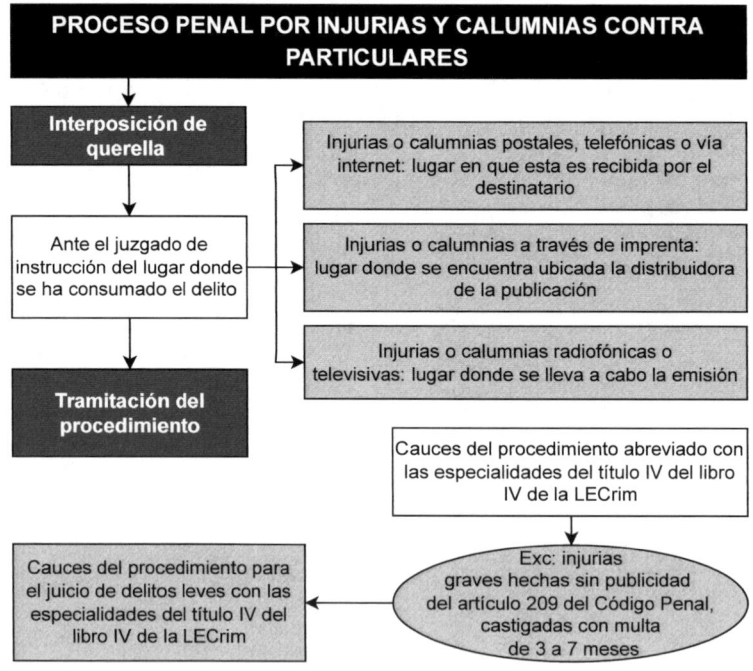

Requisitos de procedibilidad

Los tipos penales de injuria y calumnia, ambos recogidos en el título XI del libro II del Código Penal, artículos 205 a 216, bajo la rúbrica de «delitos contra el honor», **son delitos privados**, por lo que su persecución **requiere necesariamente de la interposición de querella de la persona ofendida o su representante legal**, que deberá ser interpuesta ante el juez de instrucción competente para su conocimiento (artículo 272 de la LECrim).

A TENER EN CUENTA. En aquellos supuestos en los que la ofensa se dirija contra funcionario público, autoridad o agente de la misma sobre hechos concernientes al ejercicio de sus cargos, se exceptúa el requisito antedicho, pudiéndose pues, perseguir dicha conducta de oficio (artículo 251.1 del Código Penal).

Asimismo, y de conformidad con lo previsto en el artículo 804 de la Ley de Enjuiciamiento Criminal, para el ejercicio de la acción penal por delito de calumnias o injurias se exige (como requisito esencial para admitir a trámite la querella interpuesta por alguno de estos tipos penales) **la certificación de haber celebrado el querellante u ofendido acto de conciliación con el querellado, o de haberlo intentado sin efecto**. Este requisito también se desprende del contenido establecido en el artículo 278 de la Ley de Enjuiciamiento Criminal, mediante el que se exige que a la querella se acompañe la certificación que acredite haberse celebrado o intentado el acto de conciliación entre querellante y querellado. No obstante, cabe advertir que, de conformidad con lo previsto en el art. 278 de la LECRIM, «Podrán sin embargo, practicarse sin este requisito las diligencias de carácter urgente para la comprobación de los hechos o para la detención del delincuente, suspendiendo después el curso de los autos hasta que se acredite el cumplimiento de lo dispuesto en el párrafo anterior».

La certificación de la conciliación se constituye pues, tal y como indica el **auto dictado por la Audiencia Provincial de Melilla n.º 286/2016, de 29 de diciembre, ECLI:ES:APML:2016:8A**, como un requisito de procedibilidad:

«(...) como ya se dijera en el auto de este Tribunal de 23 de abril de 2013 y posteriormente en la sentencia de 30 de junio de 2016 el acto de conciliación en los delitos de injurias y calumnias contra particulares cometidas con publicidad constituye un requisito de procedibilidad. Criterio expresado en el acuerdo de 29 de junio de 2008 de la Junta de Magistrados de las Secciones Penales de la Audiencia Provincial de Madrid de 29 de junio de 2008, en base a las siguientes razones: a) El artículo 804 LECrim ., dice que: 'no se admitirá querella por injuria o calumnia inferidas a particulares si no se presenta certificación de haber celebrado el querellante acto de conciliación con el querellado, o de haberlo intentado sin efecto. b) El artículo 278 LECrim., también exige que a la querella se acompañe la certificación que acredite haberse celebrado o intentado el acto de conciliación entre querellante y querellado, no obstante, sin dicho requisito permite la práctica de las diligencias de carácter urgente para la comprobación de los hechos o para la detención del delincuente, suspendiendo después el curso de los autos hasta que se acredite el cumplimiento de la conciliación. c) El art. 4.1 de la Ley 62/1978, de 26 de diciembre, de Protección Jurisdiccional de los Derechos Fundamentales de la Persona, que eximía de la presentación de querella, bastando la denuncia de la persona agraviada o, en su caso, de su representante legal, y sin necesidad de acto de conciliación, en los delitos calumnias e injurias contra particulares cuando eran cometidos a través de la imprenta, grabado u otros medios mecánicos de publicación, sonoros o fotográficos, difundidos por escrito, radio, televisión, cinematográficos u otros similares, quedó derogado por la Disposición Derogatoria Única de la Ley 38/2002, de 24 de octubre, de Reforma parcial de la Ley de Enjuiciamiento Criminal, sobre procedimiento para el enjuiciamiento rápido e inmediato de determinados delitos y faltas, y de modificación del procedimiento abreviado (...)».

La relevancia del requisito de procedibilidad de haber celebrado o intentado un acto de conciliación previo se reitera en diversas resoluciones, tales como la **sentencia de la Audiencia Provincial de Madrid n.° 400/2015, de 5 de octubre, ECLI:ES:APM:2015:13874** que, en su fundamento jurídico quinto, razona la exigencia de la conciliación estableciendo que **la razón de esta exigencia es**: «(...) la naturaleza privada de los delitos de injurias y calumnias entre particulares, al constituir un mecanismo tendente a conseguir una reparación satisfactoria que evite el proceso penal, aunque desgraciadamente la práctica demuestre que en la mayoría de los casos no alcanza su objetivo».

Así pues, la ausencia de presentación de la certificación de conciliación conllevará la inadmisión de la querella.

> **CUESTIÓN**
>
> **¿Qué procedimiento habremos de seguir para llevar a efecto el acto de conciliación requerido?**
>
> A los efectos del procedimiento a seguir para la celebración del acto de conciliación, habremos de atender a lo dispuesto en los artículos 139 a 148 de la Ley 15/2015, de 2 de julio, de la Jurisdicción Voluntaria.

Se erigirá también como uno de los requisitos de procedibilidad para la iniciación del procedimiento penal contra las **injurias y las calumnias vertidas en juicio, la obtención de la licencia del tribunal ante el que estas hubieran sido vertidas,** y ello sin que quepa estimar dicha autorización como prueba bastante de la imputación (artículo 805 de la LECrim).

Por su parte, el **artículo 811 de la LECrim** impone la obligación al querellante de **acompañar copia de la querella para que ésta se entregue al querellado** junto con la citación para el juicio.

El **auto dictado por la Audiencia Provincial de Castellón n.° 63/2007, de 31 de enero, ECLI:ES:APCS:2007:135A** contempla lo siguiente:

> «La querella es con respecto a este tipo de delitos un supuesto procesal de perseguibilidad. Además, dentro de las especialidades que presentan este tipo de procedimientos por injurias o calumnias se incluyen otros requisitos: por debe acompañarse copia de la querella para su entrega al querellado (art. 811 LECrim), así como la certificación de haber celebrado el acto de conciliación, o de haberlo intentado sin efecto».

En línea con la citada resolución, es preciso no olvidar que también es obligatorio para el ofendido acreditar que se ha intentado un acto de conciliación previo a la interposición de querella en este tipo de delitos, en virtud de los arts. 278.1 y 804 de la LECrim.

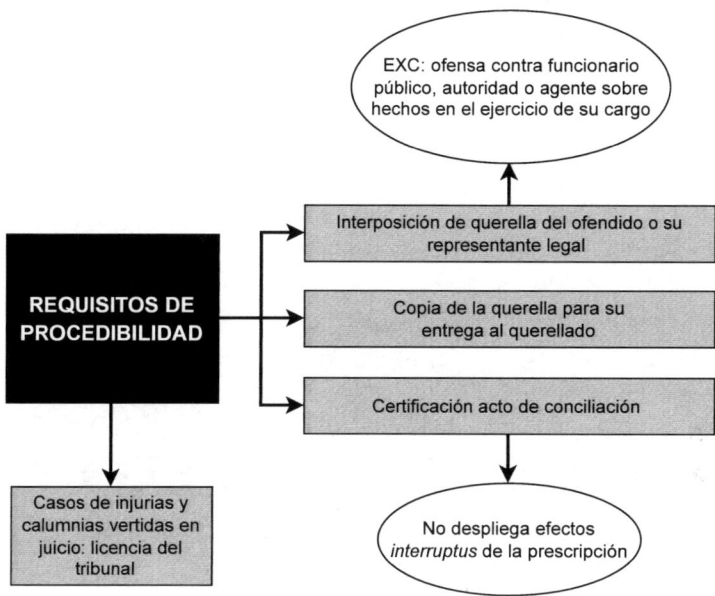

7.1. Especialidad de la instrucción

En el procedimiento seguido por los delitos de injuria y calumnia, encontramos algunas especialidades en la instrucción que habrá de tener en cuenta:

- Injurias o calumnias realizadas por escrito.
- Injurias o calumnias vertidas verbalmente.
- Injurias o calumnias contra funcionarios.
- Injurias o calumnias a través de medios de difusión.

Injurias o calumnias realizadas por escrito

De conformidad con lo previsto en el artículo 806 de la Ley de Enjuiciamiento Criminal, en aquellos supuestos en los que la injuria y calumnia se hubieren realizado por escrito se exige que, siendo posible, se acompañe al escrito de querella el **documento que la contenga**.

Recibido por el órgano judicial el escrito de querella del ofendido o de su representante legal junto con el documento requerido, se llevará a cabo la práctica de diligencias necesarias a fin de identificar al responsable comprobándose, asimismo, si existió publicidad en el documento injurioso o calumnioso.

CUESTIÓN

¿Cuándo se reputarán hechas con publicidad la calumnia y la injuria?

El artículo 211 del Código Penal establece que la calumnia y la injuria se reputarán hechas con publicidad cuando se propaguen por medio de la imprenta, la radiodifusión o por cualquier otro medio semejante. En este sentido, dispone la **SAP de Córdoba n.º 395/2016, de 26 de septiembre, ECLI:ES:APCO:2016:832**, que: «la injuria inferida se produce con publicidad al utilizarse la imprenta y otros medios de semejante eficacia que contribuyen a que el mensaje injurioso llegue a muchas personas del entorno de la víctima».

Una vez reconocido el escrito por la persona legalmente responsable y comprobado si ha existido o no publicidad, se dará por terminado el sumario.

JURISPRUDENCIA

Sentencia del Tribunal Supremo n.º 344/2020, de 25 de junio, ECLI:ES:TS:2020:2100

«La agravación penológica para aquellos supuestos en los que la acción injuriosa se despliegue con publicidad responde a la magnitud del daño que puede causarse al honor mediante la utilización de determinados mecanismos de divulgación, visto que el artículo 211 del Código Penal dispone que la calumnia y la injuria se reputarán hechas con publicidad cuando se propaguen por medio de la imprenta, la radiodifusión o por cualquier otro medio de eficacia semejante.

No obstante, propagar significa posibilitar que algo se extienda o multiplique. De este modo, la agravación del artículo 209 del Código Penal está sujeta a una condición objetiva que no se circunscribe a que un conjunto de individuos puedan ver afectada la consideración que tengan o que puedan formarse sobre una persona, sino que también alcanza a aquellos supuestos en los que lo que se agrede es la autoestima del sujeto pasivo, potenciándose o multiplicándose la lesividad de los hechos mediante instrumentos de divulgación pública que fortalezcan la acción expresamente emprendida para atacar el bien jurídico».

RESOLUCIÓN RELEVANTE

Auto de la Audiencia Provincial de Tenerife n.º 550/2021, de 16 de junio, ECLI:ES:APTF:2021:611A

«En efecto, siguiendo la amplia exposición contenida en el AAP de Valencia, Sección 2ª, 858/2020, de 24 de septiembre, el artículo 4.1 de la Ley 62/1978 exoneraba de la necesidad de presentar un previo acto de conciliación cuando los delitos de calumnia e injuria proferidas a particulares se hubieren cometido con publicidad, quedando vigente la prescripción que, en tal sentido, establecían los artículos 278 y 804 de la Ley de Enjuiciamiento Criminal, solo para aquellos supuestos en que las expresiones que se reputaban calumniosas o injuriosas no hubieran trascendido al ámbito público. La razón de esta exoneración radicaba precisamente en que los delitos contra el honor cometidos contra particulares en los que no había mediado publicidad no habían trascendido a terceros, y las partes podían llegar a un acuerdo previo sin la necesidad de ejercitar acciones penales. Además, en estos supuestos, la celebración de un acto de conciliación, con carácter previo al inicio del proceso penal, podía ofre-

cer la ventaja de delimitar su objeto, lo que, en principio, parecía no tener la misma utilidad en aquellos supuestos en que las injurias o calumnias se habían efectuado con publicidad, al estar el objeto del correspondiente proceso penal prácticamente ya determinado por el propio contenido de las manifestaciones divulgadas públicamente. Sin embargo, tras la promulgación del Código Penal de 1995, surgió la duda de si había operado derogación tácita, en aplicación de lo previsto en el apartado 2º de la Disposición derogatoria de la Ley Orgánica 10/1995, de 23 de diciembre. Y ello porque el artículo 215.1 del nuevo texto penal, en contraposición con lo dispuesto en el artículo 4.1 de la Ley 62/1978 (sobre la suficiencia de la denuncia de la persona agraviada, o de su representante legal), exigía la interposición de querella para la persecución de los delitos de calumnias e injurias proferidas a particulares; aunque doctrina y jurisprudencia entendieron, no sin dudas, que tal derogación no se había producido. Pero ulteriormente, la Disposición derogatoria única de la Ley 38/2002, de 24 de octubre, de reforma parcial de la Ley de Enjuiciamiento Criminal, sobre procedimiento para el enjuiciamiento rápido e inmediato de determinados delitos y faltas, y de modificación del procedimiento abreviado, ha derogado expresamente los artículos 1 a 5 de la Ley 62/1978, de 26 de diciembre (y, entre ellos, lógicamente, el artículo 4.1). Ello comporta que, desde su entrada en vigor, está vigente, con carácter general, la obligación de celebrar acto de conciliación como requisito previo de perseguibilidad en los delitos de injurias y calumnias proferidas a particulares, con independencia de si las mismas han sido efectuadas con o sin publicidad, tal y como de manera genérica prescriben para los delitos de calumnias e injurias inferidas a particulares los artículos 278 y 804 de la Ley de Enjuiciamiento Criminal, cuya eficacia general ha quedado así restaurada.

Por tanto, la presentación de la certificación acreditativa de haber celebrado acto de conciliación, entre querellante y querellado, junto al escrito de querella por el que se inste la persecución de todos los delitos de calumnias e injurias inferidas a particulares, haya mediado o no publicidad, tal y como, de manera genérica, establecen los artículos 278 y 804 de la Ley de Enjuiciamiento Criminal, integra un requisito de procedibilidad subsanable, cuya ausencia conllevaba la suspensión del procedimiento, en tanto no se presentara la certificación acreditativa de haberse celebrado entre querellante y querellado.

En igual sentido cabe citar el AAP de Girona, Sección 3ª, 502/2020, de 2 de noviembre, en el que, tras recordarse que el acto de conciliación celebrado o intentado constituye un requisito de procedibilidad en los delitos de calumnia e injurias, ya que si bien el artículo 215 del Código Penal solo exige la querella para el ejercicio de la acción penal por los particulares en los delitos de calumnias e injurias, la ley procesal añade el acto de conciliación como otro requisito para el ejercicio de la acción, se señala que la posibilidad de subsanación del acto de conciliación resulta también evidente por el contenido del artículo 278 de la Ley de Enjuiciamiento Criminal. De ahí que lo procedente es dar a la parte que formula la querella la posibilidad de subsanar ese defecto, concediéndole un plazo para ello y diferir mientras tanto el pronunciamiento sobre la admisibilidad de la querella».

Injurias o calumnias vertidas verbalmente

En este punto, es interesante hacer mención del artículo 808 de la Ley de Enjuiciamiento Criminal, el cual establece que: «si se tratare de injurias o calumnias inferidas verbalmente, presentada la querella, el Juez instructor mandará convocar a juicio verbal al querellante, al querellado y a los testigos que puedan dar razón de los hechos, señalando el Secretario judicial día y hora para la celebración del juicio».

Debe entenderse «secretario judicial» como el letrado o letrada de la Administración de Justicia, quien deberá señalar día y hora para la celebración del juicio verbal **dentro de los tres días siguientes** al de la presentación de la querella ante el juez instructor quien corresponda su conocimiento. Plazo que, de conformidad con lo previsto en el artículo 809 de la Ley de Enjuiciamiento Criminal, podrá ser ampliado a ocho días en caso de concurrir justa causa para ello y se hiciere constar por certificación del letrado de la Administración de Justicia.

> **A TENER EN CUENTA.** El tenor literal del artículo 809 de la LECrim es el siguiente:
>
> > «El juicio deberá celebrarse dentro de los tres días siguientes al de la presentación de la querella ante el Juez instructor a quien corresponda su conocimiento.
> > Si hubiere causa justa y se hiciere constar por certificación del Secretario, podrá ampliarse hasta ocho días el término para la celebración del juicio verbal».

La celebración en la fase de instrucción de la comparecencia referida —juicio verbal— constituye la mayor particularidad del procedimiento a seguir contra los responsables de los tipos penales de injuria y calumnia, consistiendo su finalidad en la concreción de los hechos, con audiencia de las partes y la práctica de las pruebas que se estimen oportunas, **sin que en este momento se produzca un verdadero enjuiciamiento**. Así pues, en este juicio verbal, como forma de concentración de la fase de instrucción, su finalidad no radicará en proporcionar al instructor los elementos necesarios para decidir sobre la procedencia o no del procesamiento; sino la de determinar cuál de las resoluciones previstas en el artículo 779 de la LECrim debe adoptar, siendo el archivo o el traslado para acusación las más habituales. En este sentido, resulta de interés traer a colación el **auto de la Audiencia Provincial de Jaén n.º 161/2005, de 8 de septiembre, ECLI:ES:APJ:2005:120A**:

> «no se pueden obviar por el Juez Instructor los trámites establecidos en los arts. 808 y stes. LECrim, porque la celebración en fase instructora de la comparecencia a la que se denomina juicio verbal, en la que se concreten los hechos con audiencia de las partes y la práctica de la prueba que se estimen oportunas salvo los testigos de referencia, constituye la mayor particularidad en el procedimiento por estos delitos, que en los demás se regirán por las normas del Procedimiento Abreviado –art. 757 y stes.– y que **tiene por finalidad precisamente, como entiende la doctrina y la FGE en Consulta 2/94, proporcionar al instructor los elementos necesarios para decidir la procedencia, no del procesamiento como establece el art. 812, sino de la adopción de alguna de las resoluciones del actual art. 779** –antes 789.5º LECrim–. En consecuencia, estableciéndose ese trámite –de cuya vigencia no cabe duda– de depuración previa de los hechos denunciados en fase instructora, debe celebrarse primero dicho juicio verbal **y será después cuando el Instructor haya de adoptar con mayores elementos de juicio, la resolución que estime justa según la calificación que entonces le merezcan los hechos**, procediendo en definitiva la estimación del segundo motivo esgrimido».

Celebrado pues el juicio el día señalado y presentadas por el querellante las pruebas de los hechos que constituyan la injuria o calumnia verbal, el juez acordará lo que corresponda respecto al procesamiento del querellado, dando seguidamente por terminado el sumario.

JURISPRUDENCIA

Sentencia del Tribunal Supremo n.° 1080/2010, de 20 de octubre, ECLI:ES:TS:2010:7053

«Aún cuando la facultad conferida al Presidente del Tribunal por el artículo 808 de la Ley de Enjuiciamiento Criminal no es ilimitada, para que su ejercicio justifique una objetiva sospecha sobre la imparcialidad del Tribunal se requiere una extralimitación como la descrita en algunas de nuestras sentencias

El sistema de enjuiciamiento oral español se funda en el principio de contradicción, regulado en su desenvolvimiento por un Tribunal que arbitra sin asumir posiciones de parte. Pero aquel principio no llega al extremo de erradicar toda concesión al principio de oficialidad. No solamente en la admisión de medios de prueba. Como ocurre con la norma, de constitucionalidad ya refrendada por el Tribunal Constitucional del artículo 729 de aquella Ley de Enjuiciamiento Criminal . También a través de la menos abrupta excepción que implica el citado artículo 808 de la Ley de Enjuiciamiento Criminal, que atribuye a quien ha de juzgar la facultad de contribuir a la más exacta determinación del contenido reportado por los medios probatorios de naturaleza personal, mediante la formulación de preguntas a acusados, testigos y peritos, sin otra limitación que la de no introducir a través de ellas hechos nuevos como objeto del debate ni, menos aún, del proceso».

CUESTIÓN

Como hemos visto, en fase de instrucción, el procedimiento especial por delitos de injuria o calumnia contra particulares se bifurca en dos modalidades según las ofensas se hayan inferido por escrito o verbalmente, ¿qué criterios fundamentan esta distinción legal?

La razón de esa distinción procedimental radica en la distinta forma de **acreditamiento de uno y otro tipo de ofensas**. En las emitidas oralmente no puede existir más prueba que la confesión del autor o la testifical. En las inferidas por escrito existe un soporte documental que justifica la simplificación de la fase de instrucción que propugna el art. 807 de la LECrim. Ahora bien, cabe advertir que, tal y como pone de manifiesto la Sala de la Audiencia Provincial de Madrid n.° 282/2018, de 26 de abril, ECLI:ES:APM:2018:1573A: **«En** la medida en que algunas injurias y calumnias, aun siendo propiamente verbales, hayan tenido un inmediato reflejo documental acreditativo de su contenido, carecerá de sentido el procedimiento previsto para las injurias verbales (vista oral en el marco de la instrucción) y procederá la aplicación del art. 807. Así sucede particularmente con las ofensas realizadas a través de emisiones radiofónicas o televisivas que han quedado grabadas y, por tanto, recogidas en un soporte de carácter documental (sentencia del Tribunal Constitucional 128/88, de 27 de junio); con las ofensas verbales inmediata y fielmente transcritas (v.gr., entrevistas periodísticas publicadas o injurias o calumnias proferidas en una actuación judicial y, por tanto, reflejadas en la correspondiente acta bajo la fe del Secretario Judicial)».

Cabe advertir que, tal y como preceptúa el artículo 813 de la LECrim, otra de las características especiales que caracterizan a las causas seguidas por injuria o calumnia vertidas de palabra, es que **en este tipo de procedimiento**

no serán admisibles testigos de referencia: «No se admitirán testigos de referencia en las causas por injuria o calumnia vertidas de palabra».

El Tribunal Constitucional se manifiesta con respecto a este asunto en la **sentencia n.º 303/1993, de 25 de octubre, ECLI:ES:TC:1993:303**, en la que **excluye de forma tajante la admisibilidad de la prueba testifical indirecta en los procesos por injuria o calumnia vertidas de palabra**:

> «Pero que la prueba testifical indirecta sea un medio probatorio admisible (con la sola excepción del proceso por injurias y calumnias verbales: art. 813 L.E.Crim.) y de valoración constitucionalmente permitida que, junto con otras pruebas, pueda servir de fundamento a una Sentencia de condena, no significa que, por sí sola, pueda erigirse, en cualquier caso, en suficiente para desvirtuar la presunción de inocencia».

Sin embargo, hay que tener en cuenta que «en la generalidad de los casos, la prueba de referencia es poco recomendable». De ahí se extrae el «justificado recelo jurisprudencial» existente sobre la misma. En este sentido, el **Tribunal Supremo en la sentencia n.º 357/2002, de 4 de marzo, ECLI:ES:TS:2002:1522**, apunta que:

> «En relación a la prueba testifical de referencia, preciso es destacar que, como indica la sentencia del Tribunal Constitucional 209/2001 de 22 octubre y 271/89 de 21 de diciembre y las sentencias del Tribunal Supremo del 5 enero de 1998 y 31 enero del 2000 y 6 marzo del mismo año, dicha prueba aparece expresamente admitida por el artículo 710 de la Ley de Enjuiciamiento Criminal (al establecer que los testigos expresarán la razón de su dicho y si fueren de referencia precisarán el origen de la noticia, designando con su nombre y apellido o con las señas con que fuese conocida a la persona que se la hubiese comunicado) y que sólo el artículo 813 de la misma, la excluye, como excepción, para las causas por injuria o calumnia vertidas de palabra, indicando literalmente que es cierto que la regulación de la Ley responde, como tendencia, al principio de inmediación de la prueba, entendiéndose por tal la utilización del medio de prueba más directo y no los simples relatos sobre ésto, ello no significa que deban rechazarse en forma absoluta los testimonios de referencias u oídas, porque no siempre es posible obtener y practicar la prueba original y directa, que en ambos supuestos puede devenir imposible'. Por razones obvias, se extrae del elenco amplísimo de manifestaciones del Tribunal Supremo, que siempre será preferible que comparezcan los testigos directos y no los testigos de referencia, pues 'El testimonio de referencia puede tener distintos grados según que el testigo narre lo que personalmente escuchó o percibió –audito propio–, o lo que otra tercera persona le comunicó –audito alieno–'».

Injurias o calumnias contra funcionarios

El procedimiento penal contra los responsables de las injurias o calumnias dirigidas contra funcionarios públicos sobre hechos concernientes al ejercicio de sus cargos contiene ciertas especialidades.

Así, en estos supuestos, ya el artículo 215.1 del Código Penal **exceptúa la obligatoriedad del requisito de presentación de querella** por parte del perjudicado o su representante legal, previéndose la posibilidad de que el procedimiento sea iniciado de oficio. Por su parte, la LECrim exceptúa, a través de lo previsto en el artículo 810, la aplicación en estos supuestos de las previsiones contenidas en los artículos 807 a 809 de la LECrim —relativos a las especialidades de la instrucción de las injurias y calumnias— cuando los acusados manifiesten querer probar antes del juicio oral la certeza de la imputación injuriosa o del hecho criminal que hubiesen imputado, es decir, cuando estos hagan uso de la ya estudiada *exceptio veritatis*. Así, el citado art. 810 de la LECrim establece que:

«De las reglas establecidas en los tres artículos anteriores se exceptúan las injurias dirigidas contra funcionarios públicos sobre hechos concernientes al ejercicio de sus cargos, así como también la calumnia, **cuando los acusados manifiesten querer probar antes del juicio oral la certeza de la imputación injuriosa o del hecho criminal que hubiesen imputado.**

En uno y otro caso **no podrá darse por terminado el sumario hasta que el querellante determine con toda precisión y claridad los hechos y las circunstancias de la imputación, para que el procesado pueda preparar sus pruebas y suministrarlas en el juicio oral.** Si no lo hiciere en el plazo que el Juez le señale, se dará por terminado el sumario, teniendo en cuenta su falta u omisión para que no perjudique al acusado».

Por último, resulta de interés traer a colación el **auto de la AP de Bizkaia n.º 668/2007, de 9 de noviembre, ECLI:ES:APBI:2007:1335A**, en el que la sala refiere la **no obligatoriedad a intentar una conciliación previa a la interposición de querella**, como viene siendo exigida en este tipo de delitos cuando estos se comenten frente a particulares. Así, dicha resolución expone lo siguiente: «tratándose de unas calumnias dirigidas contra un funcionario público en el desempeño de su cargo no es preceptivo para la admisión de la querella presentar certificación de haber celebrado el querellante acto de conciliación con los querellados, o de haberlo intentado sin efecto».

7.1.1. Injurias o calumnias a través de medios de difusión

En aquellos supuestos en los que la presentación de la querella de lugar a un procedimiento por delito de injurias o calumnias cometido por medio de la imprenta, el grabado u otro medio mecánico de comunicación o a través de medios sonoros o fotográficos, difundidos por escrito, radio, televisión, cinematográfico u otros similares, deberemos de atender a lo dispuesto en los artículos 816 a 823 bis de la Ley de Enjuiciamiento Criminal, al contener estos determinadas especialidades aplicables los delitos cometidos por medio de la imprenta, el grabado u otro medio mecánico de publicación:

A través de esos artículos se faculta al juzgador para que, según los casos y en resolución motivada, establezca como **medida cautelar**, al inicio del procedimiento, el **secuestro o prohibición de difusión o proyección del medio a través del cual se produjo la actividad delictiva.**

CUESTIÓN

Para la adopción de la medida cautelar antedicha, en cuanto medida limitativa de un derecho fundamental relativo a la libertad de expresión o información del artículo 20 de la CE, ¿requerirá audiencia del querellado y del Ministerio Fiscal?

No, así responde a esta cuestión la Sala del Tribunal Supremo en su sentencia n.º 308/2009, de 23 de marzo, ECLI:ES:TS:2009:1636: «(...) Y en cuanto al otro pretendido defecto procesal, el relativo a la adopción de una medida limitativa de un derecho fundamental relativo a libertad de expresión o información del art. 20 CE sin audiencia previa del querellado ni del Ministerio Fiscal, basta con que pongamos aquí de relieve lo que dice una norma específica que regula esta materia, que introdujo en nuestra LECr el art. 823 bis por medio de LO 8/2002 de 24 de octubre. Esta especial norma procesal, en su párrafo 2, permite que los jueces, al iniciar el procedimiento puedan acordar, entre otras medidas, la prohibición de difundir el medio a través del cual se produjo la actividad delictiva, entre otros la transmisión por televisión. Pues bien en esta norma, que tiene fecha posterior a la de nuestra Constitución, nada se dice de que para adoptar tal medida sea necesaria la audiencia ni del interesado ni del Ministerio Fiscal».

Asimismo, el inciso final del artículo 816 de la LECrim prevé que se proceda a la **identificación inmediata del autor real** del escrito o estampa con cuya publicación se hubiese cometido el delito puesto de manifiesto en la querella:

> «Inmediatamente que se dé principio a un procedimiento por delito cometido por medio de la imprenta, el grabado u otro medio mecánico de publicación, el Juez o Tribunal acordará el secuestro de los ejemplares del impreso o de la estampa donde quiera que se hallaren y del molde de ésta.
> Se procederá asimismo inmediatamente a averiguar quién haya sido el autor real del escrito o estampa con cuya publicación se hubiese cometido el delito».

En este sentido:

- Si el escrito o estampa se hubiese publicado en periódico (bien en el texto del mismo bien en hoja aparte), se tomará declaración al director o redactores de aquél y al jefe o regente del establecimiento tipográfico en que se haya hecho la impresión o grabado, reclamándose el original de cualquiera de las personas que lo tenga en su poder, la cual, si no lo pusiere a disposición del juez, manifestará la persona a quien lo haya entregado (artículo 817 de la LECrim).

- Para el caso en el que el delito se hubiese cometido por medio de la publicación de un escrito o de una estampa sueltos, se tomará la declaración al jefe y dependientes del establecimiento en que se haya hecho la impresión o estampación (artículo 818 de la LECrim).

¿Qué ocurre en aquellos supuestos en los que no se pueda averiguar al autor real? Para aquellos supuestos en los que no pudiere averiguarse el autor real o, cuando por hallarse este domiciliado en el extranjero o por cualquier otra causa de las especificadas en el Código Penal este no pudiera ser perseguido, el artículo 819 de la LECrim establece la aplicación de la comúnmente conocida como **responsabilidad en casada** prevista en el artículo

30 del Código Penal, estableciéndose así la continuación del procedimiento dirigiéndose este contra las personas subsidiariamente responsables, por el orden establecido al efecto:

1. Los que realmente hayan redactado el texto o producido el signo de que se trate, y quienes les hayan inducido a realizarlo.

2. Los directores de la publicación o programa en que se difunda.

3. Los directores de la empresa editora, emisora o difusora.

4. Los directores de la empresa grabadora, reproductora o impresora.

CUESTIONES

1. ¿La confesión del supuesto autor bastará para que se le tenga como tal y no se dirija el procedimiento contra otras personas?

No, en nuestro sistema rige el criterio de libre convicción del juzgador por lo que, de acuerdo con lo previsto en el artículo 820 de la LECrim, si de las circunstancias del confeso o de las del delito resultaren indicios bastantes para creer que este no fue el autor real, no impedirá dicha confesión que el procedimiento se dirija contra otras personas.

2. ¿Qué ocurrirá si se ha dictado sentencia firme en contra de los subsidiarios responsables y, posteriormente, se conoce la identidad del responsable principal?

El inciso segundo del artículo 820 de la LECrim prevé expresamente la imposibilidad de que una vez dictada sentencia firme en contra de los subsidiariamente responsables, no se podrá abrir nuevo procedimiento contra el responsable principal si llegare a ser conocido. Sin embargo, si se conociera su identidad durante el curso de la causa, se sobreseerá esta respecto del responsable subsidiario contra el que se estuviese dirigiendo en ese momento dirigiéndose la causa contra el que deba responder criminalmente del delito antes del procesado.

Una vez se encuentren unidos a la causa los instrumentos o efectos del delito y averiguado el autor o la persona subsidiariamente responsable, se dará por terminado el sumario de conformidad con la establecido en el artículo 823 de la Ley de Enjuiciamiento Criminal. A este respecto cabe advertir que únicamente tendrán consideración de instrumentos o efectos del delito los ejemplares impresos del escrito o estampa y el molde de esta. La fase de instrucción concluirá una vez unidos a la causa los instrumentos o efectos del delito y averiguado el autor o la persona subsidiariamente responsable.

7.2. Juicio oral

En relación con la celebración del juicio, para el caso de que el querellado no asista a la celebración del mismo, ello no será motivo de suspensión, ni tampoco de resolución del juicio, siempre y cuando resulte haber sido citado en forma. Así lo establece el art. 814 de la Ley de Enjuiciamiento Criminal que a su vez concuerda con lo dispuesto en los artículos 793.1 y 971 de la LECrim en materia de citaciones y ausencia del querellado.

Asimismo, el artículo 815 de la LECrim preceptúa la **obligatoriedad de que las sesiones del juicio se documenten en el acta** conforme a lo dispuesto en el artículo 743 de la Ley de Enjuiciamiento Criminal. Así pues, dicho precepto establece lo siguiente:

«1. El desarrollo de las sesiones del juicio oral y resto de actuaciones orales se documentarán conforme a lo preceptuado en los artículos 146 y 147 de la Ley de Enjuiciamiento Civil. La oficina judicial deberá asegurar la correcta incorporación de la grabación al expediente judicial electrónico. Si los sistemas no proveen expediente judicial electrónico, el letrado o letrada de la Administración de Justicia deberá custodiar el documento electrónico que sirva de soporte a la grabación.

Las partes podrán pedir a su costa copia o, en su caso, acceso electrónico de las grabaciones originales.

2. Siempre que se cuente con los medios tecnológicos necesarios, estos garantizarán la autenticidad e integridad de lo grabado o reproducido. A tal efecto, el letrado o letrada de la Administración de Justicia hará uso de la firma electrónica u otro sistema de seguridad que conforme a la ley ofrezca tales garantías. En este caso, la celebración del acto no requerirá la presencia en la sala del letrado o letrada de la Administración de Justicia salvo que lo hubieran solicitado las partes, al menos dos días antes de la celebración de la vista, o que excepcionalmente lo considere necesario el letrado o letrada de la Administración de Justicia atendiendo a la complejidad del asunto, al número y naturaleza de las pruebas a practicar, al número de intervinientes, a la posibilidad de que se produzcan incidencias que no pudieran registrarse, o a la concurrencia de otras circunstancias igualmente excepcionales que lo justifiquen. En estos casos, el letrado o letrada de la Administración de Justicia extenderá acta sucinta en los términos previstos.

3. Si los mecanismos de garantía previstos en el apartado anterior no se pudiesen utilizar el Secretario judicial deberá consignar en el acta, al menos, los siguientes datos: número y clase de procedimiento; lugar y fecha de celebración; tiempo de duración, asistentes al acto; peticiones y propuestas de las partes; en caso de proposición de pruebas, declaración de pertinencia y orden en la práctica de las mismas; resoluciones que adopte el Juez o Tribunal; así como las circunstancias e incidencias que no pudieran constar en aquel soporte.

4. Cuando los medios de registro previstos en este artículo no se pudiesen utilizar por cualquier causa, el Secretario judicial extenderá acta de cada sesión, recogiendo en ella, con la extensión y detalle necesarios, el contenido esencial de la prueba practicada, las incidencias y reclamaciones producidas y las resoluciones adoptadas.

5. El acta prevista en los apartados 3 y 4 de este artículo, se extenderá por procedimientos informáticos, sin que pueda ser manuscrita más que en las ocasiones en que la sala en que se esté celebrando la actuación carezca de medios informáticos. En estos casos, al terminar la sesión el Secretario judicial leerá el acta, haciendo en ella las rectificaciones que las partes reclamen, si las estima procedentes. Este acta se firmará por el Presidente y miembros del Tribunal, por el Fiscal y por los defensores de las partes».

A TENER EN CUENTA. El artículo 743 de la LECrim ha sido modificado por el Real Decreto-ley 6/2023, de 19 de diciembre, con entrada en vigor el 20 de marzo de 2024.

7.3. Sentencia: responsabilidad civil

Si el proceso penal terminase con sentencia condenatoria, además de las consecuencias penales, el responsable estará obligado a hacer frente a la reparación del daño al perjudicado por el delito mediante una compensación económica, y ello como consecuencia directa del principio básico de nuestro ordenamiento jurídico procesal recogido en el artículo 100 de la LECrim, mediante el que se establece que de la acción penal, puede nacer también acción civil para la reparación del daño y la indemnización de perjuicios causados por el hecho punible.

Así, para la determinación de la responsabilidad civil derivada del delito habremos de estar a lo dispuesto en la Ley Orgánica 1/1982, de 5 de mayo, toda vez que esta, en su artículo 1.2 determina su aplicación para la determinación de la responsabilidad civil derivada del delito:

> «El carácter delictivo de la intromisión no impedirá el recurso al procedimiento de tutela judicial previsto en el artículo 9.º de esta Ley. En cualquier caso, **serán aplicables los criterios de esta Ley para la determinación de la responsabilidad civil derivada del delito**».

Asimismo, cabe advertir que de conformidad con el artículo 212 del Código Penal, en aquellos supuestos de injuria y calumnia hechas con publicidad por medio de la imprenta, la radiodifusión o por cualquier medio semejante, será **responsable civil solidaria** la persona física o jurídica propietaria del medio informativo a través del cual se haya propagado la injuria o la calumnia.

Así, por ejemplo, resulta de interés traer a colación la **sentencia del Tribunal Supremo n.º 607/2014, de 24 de septiembre, ECLI:ES:TS:2014:3756**, en la que la sala condena como responsable civil subsidiario a un ayuntamiento ya que los hechos se cometieron en el desarrollo de un servicio que a dicha entidad compete prestar y controlar.

Por último, cabe advertir que, de conformidad con lo previsto en el artículo 216 del Código Penal, la reparación del daño en los delitos de injuria y calumnia hechas con publicidad también comprenderá la publicación o divulgación de la sentencia condenatoria a costa del condenado por tales delitos, en el tiempo y forma que el juez o tribunal consideren más adecuado a tal fin, oídas las dos partes.

ANEXO I.
CASOS PRÁCTICOS

Caso práctico | ¿Supone la denuncia pública de un delito prescrito una vulneración del derecho al honor?

PLANTEAMIENTO

En el año 2012, «A» denuncia ante el Consejo Superior de Deportes y ante la policía, haber sido víctima de abusos sexuales por parte de «B», su entrenador deportivo en la época en que formó parte del equipo nacional de gimnasia. «A» era consciente de que el delito que estaba denunciando estaba prescrito en ese momento, si bien justificó su actuación por el temor a que la conducta denunciada se siguiera produciendo.

Una vez que la denuncia fue conocida por los medios de comunicación, se inició una campaña en las redes sociales de apoyo a «B» y reprobación a «A». Al mismo tiempo, «A» hizo declaraciones en algunos periódicos, emisoras de televisión y en su blog, reafirmándose en su denuncia.

Por otra parte, una compañera de «A» y otro de los entrenadores del equipo de gimnasia en aquella época, realizaron declaraciones informando de que habían sido testigos de algunos de los abusos sexuales denunciados por «A».

¿Constituirán estas declaraciones efectuadas en los distintos medios de comunicación una intromisión ilegítima en el derecho al honor de «B»?

RESPUESTA

No. Da solución al presente caso la **STS, n.º 13/2018, de 12 de enero, ECLI:ES:TS:2018:1**, partiendo de la consideración de que el derecho fundamental que está en juego, en el sentido de que podría legitimar la afectación del honor del demandante producida por la conducta de los denunciantes, no es la libertad de expresión, que versa sobre opiniones, críticas y valoraciones personales, sino la libertad de información, puesto que se imputó al demandante la comisión de hechos gravísimos, susceptibles de contraste mediante datos objetivos. Continúa el Tribunal:

> «es necesario establecer un equilibrio entre los derechos en conflicto y los bienes jurídicos en juego, de modo que aunque la imputación no se considere suficientemente probada y no pueda reprocharse al denunciado la efectiva comisión de la grave conducta que se le atribuye, cuando no hay prueba de que la denuncia pública sea falsa, tiene suficientes visos de seriedad y una cierta verosimilitud, y no hay prueba de que quienes comunicaron públicamente los hechos hayan actuado de mala fe (no porque la intención del informante sea relevante para enjuiciar la legitimidad del ejercicio de la libertad de información, sino porque podría ser un dato más demostrativo de la falta de veracidad de la imputación), no proceda condenar al denunciante o denunciantes como autores de una intromisión ilegítima en el derecho al honor del afectado por la denuncia.
>
> 19.-Tal ocurre en este caso, en que las declaraciones de la supuesta víctima son confirmadas en el propio juicio por otras tres personas que afirman haber presenciado los abusos, aunque dos de ellas hubieran sido traídas al

proceso también como demandadas, y en el que **constan las declaraciones de otras personas que afirmaron haber presenciado hechos que confirmaban directa o indirectamente la versión de los recurrentes o haber escuchado la declaración de personas que afirmaron haberlos sufrido aunque solicitaron que su identidad se mantuviera en secreto**, lo cual es explicable en este tipo de situaciones.

20.-Como se ha expresado anteriormente, **la importancia y gravedad que tienen los hechos de esta naturaleza, el desvalimiento de las personas que los sufren, y la especial dificultad de probarlos plenamente, son circunstancias que impiden que se pueda condenar por vulneración del derecho al honor a quienes no consigan probar plenamente**, con una prueba suficiente para destruir la presunción de inocencia aplicando los cánones propios del proceso penal, **la denuncia pública que hayan formulado».**

Caso práctico | Vulneración del derecho al honor, a la intimidad y a la propia imagen por las opiniones vertidas en redes sociales

PLANTEAMIENTO

«A» presta servicios en una empresa, siendo «B» su superior jerárquica. Durante un periodo en el que «A» se encontraba en situación de baja médica, «B» publica en una red social una serie de comentarios sarcásticos sobre su presencia en determinados actos sociales, acompañando algunos comentarios de imágenes de «A» en actos públicos de un partido político y en eventos del mundo de la moda y la imagen.

¿Constituyen las declaraciones vertidas por «B» en la red social una intromisión ilegítima en el derecho fundamental al honor, a la intimidad personal y a la propia imagen de «A»?

RESPUESTA

Respecto a la ponderación del **derecho a la libertad de expresión** y el **derecho al honor**, de acuerdo con la **STS, n.º 476/2018, de 20 de julio, ECLI:ES:TS:2018:2748**, debemos considerar que no existe una intromisión ilegítima en el derecho al honor de «A», si los comentarios se constituyen fundamentalmente como opiniones y comentarios sarcásticos y críticas en relación con **hechos veraces** (su presencia en actos sociales en un periodo en que se encontraba de baja laboral) y sobre una cuestión que presenta un cierto **interés general**, como es el absentismo laboral injustificado, siempre y cuando «B» haya llevado a cabo dichas manifestaciones **sin emplear expresiones insultantes o vejatorias**.

Asimismo, y siguiendo el criterio de la Sala, tampoco se considera que ha existido una intromisión en el **derecho a la propia imagen**, porque las imágenes incluidas en los comentarios eran **fotografías que ya se encontraban publicadas en páginas de diversas redes sociales de internet**, por personas distintas a «B» y cercanas a «A», sin objeción alguna por su parte a su publicación previa. Así, entiende el TS que la prestación del consentimiento para la publicación de la propia imagen en internet conlleva el consentimiento para la difusión de esa imagen cuando tal difusión, por sus características, sea una consecuencia natural del carácter accesible de los datos e imágenes publicados en internet:

> «Los "usos sociales" legítimos de Internet, como son la utilización en las comunicaciones típicas de la red (mensajes de correo electrónico, tuits, cuentas de Facebook o Instagram, blogs) de las imágenes referidas a actos públicos previamente publicadas en la red, bien "retuiteando" el tuit en que aparece la imagen, bien insertándola directamente en otro tuit o en la cuenta de otra red social, bien insertando un "link" o enlace al sitio web donde la imagen se encuentra publicada, en principio excluirían el carácter ilegítimo de la afectación del derecho a la propia imagen».

Por el contrario, **sí considera el Alto tribunal que existe una intromisión ilegítima en el derecho a la intimidad** de «A» por la difusión de información sobre la situación de baja laboral y las conjeturas sobre la enfermedad causante de la baja:

«1.-**La información relativa a la salud física o psíquica de una persona está comprendida dentro del ámbito propio y reservado frente a la acción y el conocimiento de los demás que preserva el derecho a la intimidad del art. 18.1 de la Constitución**, en la medida en que los datos que se refieren a la salud constituyen un elemento importante de su vida privada. No solo es una información íntima sino, además, especialmente sensible desde este punto de vista y, por tanto, es digna de especial protección desde la garantía del derecho a la intimidad. Así lo han declarado tanto el Tribunal Constitucional como el Tribunal Europeo de Derechos Humanos.

2.-**La información sobre la situación de baja laboral del demandante y las conjeturas sobre la enfermedad causante de la baja afectan**, por tanto, a su derecho a la intimidad.

3.-Además de lo anterior, la demandada había sido la superior del demandante en la empresa pública en la que este trabajaba, en la época en la que se inició la baja laboral, con lo que se está en el supuesto del art. 7.4 LOPDH, que considera intromisión ilegítima en la intimidad la revelación de datos privados de una persona o familia conocidos a través de la actividad profesional u oficial de quien los revela».

Caso práctico | Derecho al honor y derecho a la libertad de información: la doctrina del reportaje neutral

PLANTEAMIENTO

Un periódico de tirada nacional publica un artículo a través de su página web en el que informa de las declaraciones vertidas por «E», paciente de la clínica «X», en las que atribuye a dicha clínica y a los médicos que la trataron, «B» y «C», un supuesto caso de negligencia médica, recogiéndose en el reportaje las declaraciones de la víctima y los informes provisionales médico forenses emitidos en el proceso penal abierto contra la clínica y los doctores.

¿Supone la publicación del artículo una intromisión en el derecho al honor de los doctores y la clínica?

RESPUESTA

No. La **sentencia del Tribunal Supremo, n.º 370/2019, de 27 de junio, ECLI:ES:TS:2019:2120**, aplicando la doctrina del reportaje neutral como criterio de ponderación entre el derecho a la información y el derecho al honor, determina la ausencia de intromisión ilegítima por parte del periódico en el derecho al honor:

> «El Tribunal Constitucional en su sentencia número 53/2006 declara los requisitos para que pueda hablarse de reportaje neutral y, en lo aquí relevante, incluye, como uno de ellos que el **medio informativo ha de ser trasmisión de tales declaraciones, limitándose a narrarlas, sin alterar la importancia** que tengan en el cómputo de la noticia (STC 41/1994, FJ4); de modo que si se reelabora la noticia no hay reportaje neutral (SCT 54/1998, FJ5).
>
> A lo anterior añade esta sala que "el reportaje neutral o información neutral exige **ausencia de indicios racionales de falsedad evidente de lo transcrito**, a fin de evitar que el reportaje neutro sirva indebidamente a la divulgación de simples rumores o insidias. Resultaría absurdo que, con el pretexto de tratarse de un 'reportaje neutral', se pudiera difundir –reproduciéndola– una información sobre lo que existe constancia de que supone una intromisión ilegítima en el ámbito de protección de un derecho fundamental (STS de 18 de febrero de2009, rec. 1803/2004)"».

De acuerdo con el TS debe aplicarse al caso la **doctrina del reportaje neutral** porque el medio de comunicación:

- **No ha elaborado el artículo, sino que se ha recogido lo declarado por la paciente, «E».**

- Utiliza el informe médico forense como sustento del procedimiento penal e informa de este con formato periodístico. Existiendo, por tanto, **diligencia razonable** por parte del periódico.

- La **noticia afecta a temas de salud** y, por lo tanto, **tiene interés general**.

Caso práctico | ¿Ampara el derecho a la libertad de expresión, llamar asesino en redes sociales a un torero fallecido?

PLANTEAMIENTO

Haciendo uso de su cuenta en una red social, «A», quien se describe como activista política antitaurina, publica un texto, que reproduce el titular de un medio de comunicación digital en el que se informaba de la muerte de un torero junto con una fotografía del momento en que fue corneado, en el que califica al torero como asesino.

¿Cabría entender que, en el ejercicio de su condición de activista política antitaurina, las declaraciones de «A» están amparadas por el derecho a la libertad de expresión?

RESPUESTA

No, no está amparado por la libertad de expresión llamar asesino en redes sociales a un torero tras su muerte. Así se ha declarado en la **sentencia del Tribunal Constitucional, n.º 93/2021, de 10 de mayo, ECLI:ES:2021:93**, que resuelve el recurso de amparo interpuesto contra la STS, n.º 201/2019, de 3 de abril, ECLI:ES:TS:2019:973.

El TC fundamenta su conclusión en que, si bien las expresiones realizadas en la publicación van referidas a un personaje de cierta relevancia pública y tienen relación con la polémica social que existe sobre la tauromaquia, su contenido es gravemente vejatorio y se refieren a una persona que acaba de morir traumáticamente, mostrando un sentimiento de alegría o alivio.

Entiende el TC que, si la conducta es lesiva del derecho al honor fuera de la red, también lo es en ella, señalando que la **libertad de expresión no puede ser un instrumento para menoscabar la dignidad del ser humano ni su propio valor como persona**, pues ésta se erige como fundamento del orden político y de la paz social:

En este sentido, recuerda la Sala:

> «Que la libertad de expresión comprende, junto con la mera expresión de juicios de valor, la crítica de la conducta de otros, aun cuando la misma sea desabrida y pueda molestar, inquietar o disgustar a quien se dirige, pues así lo requieren el pluralismo, la tolerancia y el espíritu de apertura, sin los cuales no existe sociedad democrática. En el marco amplio que se otorga a la libertad de expresión quedan amparadas, según nuestra doctrina, "aquellas manifestaciones que, aunque afecten al honor ajeno, se revelen como necesarias para la exposición de ideas u opiniones de interés público" (por todas, SSTC 107/1988, de 8 de junio, FJ 4; 171/1990, de 12 de noviembre, FJ 10; 204/2001, de 15 de octubre, FJ 4, y 181/2006, de 19 de junio, FJ 5).
> Esa exigencia de necesidad de la expresión utilizada para la transmisión de la opinión, a la que se han referido también las sentencias impugnadas, ha sido enfatizada de modo constante por nuestra doctrina. Así, hemos indicado que

"el derecho a la libertad de expresión, al referirse a la formulación de 'pensamientos, ideas y opiniones', sin pretensión de sentar hechos o afirmar datos objetivos, dispone de un campo de acción que viene solo delimitado por la ausencia de expresiones sin relación con las ideas u opiniones que se expongan y que resulten innecesarias para la exposición de las mismas" (STC 79/2014, de 28 de mayo, FJ 6 y jurisprudencia allí citada).

Y es por ello que la Constitución no reconoce un pretendido derecho al insulto, de modo que no cabe utilizar, en ejercicio del derecho a la libertad de expresión constitucionalmente protegida, expresiones formalmente injuriosas (SSTC 107/1988, de 8 de junio, FJ 4; 105/1990, de 6 de junio, FJ 8; 200/1998, de 14 de octubre, FJ 5, y 192/1999, de 25 de octubre, FJ 3). Esta exigencia de necesidad de la expresión o manifestación utilizada, determina que no se puedan justificar las expresiones de carácter absolutamente vejatorias (SSTC 204/2001, de 15 de octubre, FJ 4; 174/2006, de 5 de junio, FJ 4, y 9/2007, de 15 de enero, FJ 4); es decir, quedan proscritas "aquellas que, dadas las concretas circunstancias del caso, y al margen de su veracidad o inveracidad, sean ofensivas u oprobiosas y resulten impertinentes para expresar las opiniones o informaciones de que se trate" (STC 41/2011, de 11 de abril, FJ 5, y jurisprudencia allí citada), pues estas difícilmente podrían quedar amparadas por el derecho a la libertad de expresión al ser la dignidad de la persona fundamento mismo del orden político y la paz social (art. 10.1 CE) y piedra angular sobre la que se vertebra el sistema de los derechos y deberes fundamentales, y también, por tanto, de la libertad de expresión que la recurrente vindica».

Caso práctico | ¿Qué elementos deben de concurrir, según la jurisprudencia, para apreciar un delito leve de injurias a la expareja?

PLANTEAMIENTO

El 18 de octubre de 2020, «A» acudió al lugar donde se hallaba su expareja («B») con su hijo menor, con el fin de verle. Dado que «B» no quería que «A» cogiera a su hijo y pasara tiempo con él, ambos comenzaron a gritarse en un tono bastante alto, contestando «A» a «B» con la expresión «estúpida de mierda».

De acuerdo con la versión de «A», estas expresiones se dieron como reacción a los gritos y expresiones que le profería su expareja, en un contexto de ira, enfado y ofuscación, por la situación prolongada de no haber visto a su hijo durante meses.

¿Estaríamos, en este caso, ante un delito leve de injurias?

RESPUESTA

No. El art. 173.4 del Código Penal sanciona a quien **cause injuria o vejación injusta de carácter leve, cuando el ofendido fuera** una de las personas a las que se refiere el art. 173. 2 del CP —en lo que al presente supuesto interesa: **quien sea o haya sido su cónyuge o sobre persona que esté o haya estado ligada a él por una análoga relación de afectividad aun sin convivencia**—, con la pena de localización permanente de cinco a treinta días, siempre en domicilio diferente y alejado del de la víctima, o trabajos en beneficio de la comunidad de cinco a treinta días, o multa de uno a cuatro meses.

En primer lugar, la doctrina en relación con este ilícito entiende que este tipo penal requiere la concurrencia de los siguientes **requisitos**:

1. Existencia de expresiones realizadas con el propósito de lesionar la honra o aprecio a las personas, constituido por actos o **expresiones que tengan, en sí mismas, la suficiente potencia ofensiva para lesionar la dignidad de la persona, menoscabando su fama y atentando contra su propia estimación** según los parámetros sociales en los que el acto o expresión se desarrolle.

2. Un elemento subjetivo, el **animus injuriandi**, consistente en el propósito de ofender la dignidad personal, de menoscabar la fama ajena o de atentar contra la propia estima de otra persona, elemento que cuenta a su favor con el principio constitucional de presunción de inocencia.

3. Se exige, a la par, **una valoración determinante de la magnitud de la ofensa que sirve de mesura para graduarla punitivamente**.

Este elemento subjetivo del injusto o **animus injuriandi** implica y supone un ánimo tendencial de deshonrar, menospreciar y desacreditar, o en última instancia, la de perjudicar la reputación del agraviado, lo que configura el delito de injurias como esencialmente circunstancial.

Así pues, **unas simples expresiones pueden ser injuriosas o dejar de serlo** en un corto o más dilatado período de tiempo o, en atención a las circunstancias concurrentes, pues según la doctrina científica y jurisprudencial, este ilícito penal es eminentemente circunstancial, como ya se ha señalado anteriormente. Por lo tanto, para graduar su importancia y aun incluso, determinar su existencia, se hace necesario examinar no sólo el alcance y significación de las palabras, sino que habrá que tener muy en cuenta las circunstancias que concurren en el acto y en las personas para poder inducir de ellas no sólo el propósito de deshonrar en el agente activo, sino la posibilidad de producir ese mismo efecto en el sujeto pasivo.

En este sentido, señala la **sentencia de la Audiencia Provincial de Madrid, n.º 35/2021, de 4 de febrero, ECLI:ES:APM:2021:1271**:

> «La jurisprudencia llega a afirmar (STAP Sevilla, Sección 1, núm. 187/2007, de 30/03), que **el criterio legal para la valoración de este tipo penal debe remitirse al elemento sociológico**, de modo que el Juzgador ha de tener en cuenta, para diferenciar la concurrencia o no de este delito, no sólo el contenido literal o semántico de la acción o expresión, sino también en qué contexto se producen tales expresiones y qué repercusión han tenido en el bien jurídico protegido, que es el honor de las personas. A este respecto, también la jurisprudencia (STAP Tarragona, Sección 4, núm. 279/2016, de 6/07), señala que la norma penal no puede intervenir de manera excesiva en la configuración de las relaciones sociales y solo respecto a aquellos comportamientos intolerablemente dañosos de los bienes jurídicos que merecen el reproche de la pena, como la injerencia más grave del Estado en el ámbito de la libertad del ciudadano. **Las mismas relaciones sociales se proyectan de forma decisiva en el enjuiciamiento de infracciones contra el honor, ya que no basta para alcanzar relevancia penal que las expresiones proferidas puedan ser consideradas objetivamente como menoscabantes de la buena fama o crédito del destinatario, ni tan siquiera que pueda individualizarse una intención final de menoscabo, sino que se exige como elemento del tipo que mediante dicha acción se lesione la dignidad de la persona.** Dicha referencia expresa a uno de los valores troncales en los que se asienta la propia configuración del Estado de Derecho, obliga a una interpretación normativa-constitucional de los elementos del tipo que lleve a considerar la fama y la autoestima como valores individuales reales vinculados a la dimensión personalista del bien jurídico. En consecuencia, **no se protege penalmente el interés personal de que la propia imagen se proyecte de determinada manera a la sociedad, ni tan siquiera el interés a no verse molestado, ofendido o soliviantado por comportamientos descorteses o maleducados.** El objeto de protección, por el contrario, es la dignidad entendida como el conjunto de valores ético-sociales que identifican a una persona y que le hacen merecedora de respeto y consideración en la sociedad con independencia de su clase social, profesión, religión, raza o sexo. De tal modo, **sólo aquellas expresiones que, atendiendo a su naturaleza, efectos y circunstancias, de manera relevante, menoscaben dicha pretensión de respeto comprometiendo nuclearmente la dimensión ética de la persona envileciéndola, afectando a su propia consideración como ciudadano, pueden ser tenidas como un comportamiento penalmente significativo.**
>
> Es también sabido, y la jurisprudencia igualmente lo reitera (STC de 23/06/1997 y SSTS de 14/03/1988 y 28/03/1995) que el preceptivo 'animus injuriandi' puede diluirse, o desaparecer, mediante la superposición de otros 'animi', como lo son el 'jocandi', el 'criticandi', el 'narrandi', el 'corrigendi', el 'consulendi', el 'defendendi' o el 'retorquendi'. Y es evidente que este tipo penal es un ilícito eminentemente circunstancial, como antes se ha aludido, por lo que el contexto en el que se profieren las expresiones controvertidas no resulta en modo alguno irrelevante, aun cuando pudiera tratarse de expresiones desafortunadas.

El **Tribunal Supremo** (STS 23/01/1980, 23/05/1980, 30/05/1981, 25/09/1986) desde antiguo, mantiene que **las frases o acciones pueden ser objetivamente injuriosas, pero no necesariamente deben constituir delito**, si se acredita que la intención del agente fue otro, como criticar, aconsejar, relatar, corregir, burlarse, o incluso defenderse. Se ha dicho del derecho que es la ciencia de las distinciones o distingos, características que se exacerba en el delito - grave o leve- de injurias por todos calificado de eminentemente circunstancial, pues su existencia o inexistencia, o su mayor o menor gravedad, depende, del tiempo, lugar, modo, calidad social o jerarquía de las personas intervinientes, entre otras circunstancias. Así es normal aceptar que la existencia de alguna de las intenciones o animus, anteriormente reseñados, puede eliminar el 'animus injuriandi', y con ello el ilícito deviene inoperante en el campo penal. **La doctrina admite que pueden concurrir ese 'animus injuriandi' con cualquiera de los otros exhonerativos, produciéndose una situación semejante a la producida por las causas de justificación basadas en el conflicto de intereses en el que prima, a efectos de la punición, el interés de valor preferente, entendiendo que unas injurias livianas no justifican que el ofendido conteste con otras brutalmente denigrantes** (STS 31 de Octubre, 23 de Noviembre, 9 de Diciembre de 1983, 3 de Febrero, 8 de Marzo, 17 de Octubre de 1984, y 9 de Abril de 1985).

Igualmente la jurisprudencia, también desde antiguo, **ha mantenido que constituyendo la injuria un delito eminentemente circunstancial y de pleno relativismo penal, resulta necesario tener en cuenta en cada supuesto concreto, como ya se ha expresado, no sólo la significación lexicológica e importancia sociológica de las frases injuriosas, sino también los motivos y circunstancias en los que fueron pronunciadas; la cultura, posición social, grado de confianza y relaciones anteriores de los sujetos que intervienen en el hecho; la publicidad, gravedad y trascendencia de la ofensa, y sobre todo el 'animus' o intención, con la que fueron proferidas,** por lo que gran parte de la doctrina científica viene admitiendo que el llamado 'animus defendendi' o ánimo de defensa, puede justificar el hecho de injuriar a otro, si se ha sido previa y actualmente insultado o calumniado, pues entonces el dolo, o intención de injuriar, o sea, de actuar antijurídicamente, es sustituido por un propósito dirigido finalísticamente, no a infamar el honor ajeno, sino a defender o preservar el propio, cortando o repeliendo la agresión verbal contra él iniciada, afirmando, además, la jurisprudencia (STS 30/05/1980) que 'es elemento subjetivo del injusto en que radica su substancia penal, sin que pueda tener esta trascendencia, por ausencia de culpabilidad y antijuridicidad, aquéllas palabras o actitudes que, aunque objetivamente representen conceptos contrarios al honor, no sean exponentes de una voluntad o intención dolosa contra el patrimonio moral de una persona, que sucede cuando el agente, movido por el exclusivo propósito de defensa o 'animus defendendi', vierte, con necesidad y oportunidad, palabras o expresiones de posible y objetiva significación injuriosa (STS de 16 noviembre 1979, y de 12 febrero y 25 octubre 1980)».

De todo lo dicho, concluye la AP de Madrid, en el caso planteado, que «las **expresiones referidas en el contexto en el que se producen, a lo largo de una acalorada discusión en la que la denunciante también grita a su ex pareja, negándose a que este pueda ver al hijo en común, carecen de relevancia penal correspondiendo más a un exabrupto de desaprobación, sin duda reprochable, pero sin relevancia penal, no concurriendo los elementos necesarios para el nacimiento del tipo penal que se pretende aplicar**».

Caso práctico | Transmisión de indemnizaciones por vulneración del derecho al honor, intimidad y propia imagen

PLANTEAMIENTO

¿Pueden transmitirse las indemnizaciones por vulneración del derecho al honor, intimidad y propia imagen?

RESPUESTA

Las vulneraciones al derecho al honor, intimidad y propia imagen se rigen por la Ley Orgánica 1/1982, de 5 de mayo, de protección civil del derecho al honor, a la intimidad personal y familiar y a la propia imagen, conforme a cuyo artículo 1.3, el derecho al honor, a la intimidad personal y familiar y a la propia imagen es **inalienable y, por lo tanto, intransmisible**.

Cuestión distinta será, que **el derecho a indemnización haya ingresado en el patrimonio del perjudicado**, en cuyo caso pasaría a formar parte de su herencia, o aquellos **supuestos en los que los herederos ejerzan la acción de tutela de derechos fundamentales** respecto de, por ejemplo, un familiar fallecido. En este sentido, es ilustrativa la **sentencia del Tribunal Supremo, n.º 486/2022, de 16 de junio, ECLI:ES:TS:2022:2340**).

Caso práctico | ¿Es responsable el usuario de una red social de los comentarios realizados por terceros en su perfil?

PLANTEAMIENTO

¿Puede hacerse responsable, por intromisión ilegítima en el derecho al honor, al usuario de una red social a causa de los comentarios vertidos por terceros en su perfil?

RESPUESTA

Sí, si tiene conocimiento de su contenido y, pese a ello, no los elimina. A esta conclusión llegó la **sentencia del Tribunal Supremo, n.º 747/2022, de 3 de noviembre, ECLI:ES:TS:2022:3970**, en cuyo concreto caso, el comentario inicial del demandado no tenía la gravedad e intensidad ofensiva suficiente para llegar a constituir una intromisión ilegítima en el derecho fundamental al honor.

Sin embargo, sí **confirma la responsabilidad sobre los comentarios de terceros**, a pesar de la alegación realizada por el recurrente de que no estaba legitimado para proteger ni restringir la libertad de expresión de las terceras personas que han realizado los comentarios en su perfil. Para establecer esta responsabilidad, el Tribunal se basa en el **poder de control que tiene el titular sobre los comentarios realizados por terceros en su perfil**, señalando:

> «(...) Puede bloquear el perfil de alguien para que no pueda ver ni comentar sus publicaciones; reaccionar a los comentarios de ellas que se publiquen en su perfil; darles contestación; ocultarlos; denunciarlos; marcarlos como spam; bloquear el perfil o la página que los ha publicado; e incluso eliminarlos. Por lo tanto, **no puede desentenderse sin más de lo que se publica en su perfil por otros usuarios, por la única y simple razón de no corresponderle a él, sino a otros, la autoría de lo publicado,** y considerar, por ello, que estos son los exclusivos responsables de lo manifestado o dado a conocer y los únicos que deben cargar con sus consecuencias».

Recalca la Sala que el usuario del perfil sí había eliminado otros comentarios, y que, además, el demandado no cuestiona que los comentarios supongan un ataque grave a la dignidad y que efectivamente constituyan una intromisión abierta y claramente ilegítima en el derecho fundamental al honor de los demandantes.

Concluye el Tribunal Supremo que:

> «En un caso como el presente, en el que se produce una intromisión ilegítima de carácter evidente en el derecho al honor de los recurridos por los comentarios publicados por terceros en el DIRECCION000 del recurrente, la responsabilidad de este por no eliminarlos de su perfil público, una vez conocidos, no puede ser excusada por falta de legitimación, peligro de censura o dificultades de ponderación, puesto que existe un deber de diligencia reactiva

y cuidado que le obliga, ejercitando su poder de control, a su borrado inmediato. Y si no actúa y se desentiende, incumple ese deber, **convirtiéndose en responsable de los daños y perjuicios causados a título de culpa por omisión derivada de dicha falta de diligencia y cuidado»**.

ANEXO II.
FORMULARIOS

Demanda juicio ordinario por vulneración del derecho al honor, intimidad y propia imagen

AL JUZGADO DE PRIMERA INSTANCIA [JUZGADO]

Don/Doña [NOMBRE_PROCURADOR_CLIENTE], procurador/a de los tribunales, colegiado/a número [NÚMERO] del ICP de [LUGAR], en nombre y representación de **don/doña** [NOMBRE_CLIENTE], mayor de edad, con domicilio en [DOMICILIO_CLIENTE], según acredito mediante [PODER APUD ACTA/COPIA DE ESCRITURA PÚBLICA QUE SOLICITO, UNA VEZ TESTIMONIADA EN AUTOS, ME SEA DEVUELTA POR PRECISARLA PARA OTROS USOS], bajo la dirección letrada de **don/doña** [NOMBRE_ABOGADO_CLIENTE], colegiado/a número [NÚMERO] del ICA [LUGAR], ante este juzgado comparezco y, como mejor proceda en derecho, DIGO:

Que, por la presente, formulo demanda de **JUICIO ORDINARIO de tutela del derecho al honor, a la intimidad y a la propia imagen**, contra **don/doña** [NOMBRE_PARTE_CONTRARIA], vecino/a de [LOCALIDAD], con domicilio en [DOMICILIO_PARTE_CONTRARIA], y contra la empresa editora del periódico diario [NOMBRE_EMPRESA], con domicilio social en [DOMICILIO_SOCIAL] y ello sobre la base de los siguientes,

HECHOS

PRIMERO.- El diario [NOMBRE], en su edición, tanto en formato papel, como en formato digital, correspondiente al día [FECHA], publicó un artículo periodístico, del que era autor el/la periodista Don/Doña [NOMBRE_PARTE_CONTRARIA], con el título «[DESCRIPCIÓN]», en el que, entre otros aspectos, decía y contenía lo siguiente:

– «[DESCRIPCIÓN CONTENIDO ARTÍCULO]».

En la fecha en que ocurrieron tales hechos, que tuvieron lugar en [LUGAR], de [CIUDAD], don/doña [NOMBRE_CLIENTE] no era todavía [ESPECIFICAR].

SEGUNDO.- Mi representado/a ha sufrido un daño contra su derecho [AL HONOR/ INTIMIDAD PERSONAL Y FAMILIAR/ PROPIA IMAGEN] **(1)** como consecuencia de las acciones de la parte demandada, consistentes en la difusión de [DESCRIPCIÓN] **(2)**.

Debido a la publicación de dichas informaciones mi poderdante ha sufrido daños psíquicos, ya que todo el mundo en su ciudad tuvo conocimiento de las vicisitudes de su vida íntima, lo que le provocó ser objeto de burla de numerosas personas.

TERCERO.- Como fundamento de los anteriores hechos, se adjuntan a la presente demanda los siguientes DOCUMENTOS:

a) Con relación al primer hecho, se adjunta como **documento n.º** [NÚMERO], original de dicho periódico correspondiente al día [FECHA], así como pantallazos de las redes sociales del mentado periódico, en los que se compartía el enlace a dicha noticia, y que como puede verse ha sido compartido numerosas veces.

b) En relación con el segundo hecho, se adjuntan a la presente demanda los **documentos n.º** [NÚMERO] a n.º [NÚMERO], [DESCRIPCIÓN DOCUMENTOS].

A los anteriores hechos son de aplicación los siguientes

FUNDAMENTOS DE DERECHO

I.- JURISDICCIÓN Y COMPETENCIA

De aplicación lo estipulado en los arts. 21 y ss. de la LOPJ, así como lo establecido en al art. 36 de la LEC.

Es competente el juzgado al que me dirijo de conformidad con lo dispuesto en los artículos 45 y 52.1.6.° de la LEC, toda vez que en materia de derecho al honor, a la intimidad personal y familiar y a la propia imagen y, en general, en materia de protección civil de derechos fundamentales, será competente el tribunal del domicilio del demandante, y cuando no lo tuviere en territorio español, el tribunal del lugar donde se hubiera producido el hecho que vulnere el derecho fundamental de que se trate.

II.- CAPACIDAD Y LEGITIMACIÓN

Las partes están capacitadas para entablar la presente relación jurídico-procesal, conforme a los artículos 6 y siguientes de la LEC.

Asimismo, poseen ambas partes legitimación, la activa mi mandante por ser la persona cuyos derechos se observan vulnerados, y la pasiva las demandadas al ser la persona y la mercantil que realizaron y permitieron los hechos descritos y demandados.

III.- POSTULACIÓN

De acuerdo con las exigencias de los artículos 23 y 31 de la Ley de Enjuiciamiento Civil, esta parte comparece representada de procurador y asistida de letrado.

IV.- PROCEDIMIENTO

Respecto al procedimiento a seguir, es el ordinal 2.° del apartado 1 del artículo 249 de la Ley de Enjuiciamiento Civil donde nuestro ordenamiento jurídico sienta el cauce legal en la tutela civil del derecho al honor, a la intimidad y a la propia imagen:

> «1. Se decidirán en **el juicio ordinario, cualquiera que sea su cuantía**:
> (...)
> 2.° Las que pretendan la **tutela del derecho al honor, a la intimidad y a la propia imagen**, y las que pidan la tutela judicial civil de cualquier otro derecho fundamental, salvo las que se refieran al derecho de rectificación. En estos procesos, será siempre parte el Ministerio Fiscal y su tramitación tendrá carácter preferente».

Así pues, habremos de estar a la regulación dada en los artículos 399 a 436 de la Ley de Enjuiciamiento Civil, preceptos reguladores del juicio ordinario.

El demandado ha realizado actos que suponen una violación del derecho [AL HONOR/A LA INTIMIDAD/A LA PROPIA IMAGEN], del que gozan todos los ciudadanos, tal y como establece el artículo 18 de la Constitución Española. Este derecho es un derecho fundamental de los ciudadanos, por lo que nadie puede violarlo. En caso de que se viole uno de estos derechos, se deberá proceder con la correspondiente indemnización, ya que conlleva la aparición de una obligación para el responsable.

V.- FONDO DEL ASUNTO

El art. **18.1 de la Constitución Española**, dispone que:

> «1. Se garantiza el derecho al honor, a la intimidad personal y familiar y a la propia imagen».

La Ley Orgánica 1/1982, de 5 de mayo, de protección civil de derecho al honor, a la intimidad personal y a la propia imagen es la norma aplicable al fondo del asunto, siendo preceptiva la intervención del Ministerios Fiscal y, como vemos, la ley otorga a la tramitación de la tutela judicial solicitada carácter preferente.

Respecto la vulneración del derecho al honor, debemos traer a colación lo expuesto en la sentencia del Tribunal Supremo, n.º 378/2015, de 7 de julio, ECLI:ES:TS:2015:2957:

> «El derecho al honor, se encuentra en ocasiones limitado por las libertades de expresión e información. El conflicto entre uno y otro derecho, debe ser resuelto mediante técnicas de ponderación constitucional, teniendo en cuenta las circunstancias del caso (SSTS 1089/2008, de 12 de noviembre; 849/2008, de 19 de septiembre; 65/2009, de 5 de febrero; 111/2009, de 19 de febrero; 507/2009, de 6 de julio; 427/2009, de 4 de junio; 800/2010, de 22 de noviembre; 17/2011, de 1 de febrero). Por ponderación se entiende, tras la constatación de la existencia de una colisión entre derechos, el examen de la intensidad y trascendencia con la que cada uno de ellos resulta afectado, con el fin de elaborar una regla que permita, dando preferencia a uno u otro, la resolución del caso mediante su subsunción en ella.
>
> La técnica de ponderación exige valorar, en primer término, el peso en abstracto de los respectivos derechos fundamentales que entran en colisión. Desde este punto de vista, la ponderación debe respetar la posición prevalente que ostenta el derecho a la libertad de información sobre el derecho a la intimidad personal y a la propia imagen. Esta posición prevalente deriva de que aquel derecho resulta esencial como garantía para la formación de una opinión pública libre, indispensable para el pluralismo político que exige el principio democrático (SSTC 134/1999, 154/1999, 52/2002).
>
> La protección constitucional de las libertades de información y de expresión alcanza un máximo nivel cuando la libertad es ejercitada por los profesionales de la información mediante el vehículo institucionalizado de formación de la opinión pública que es la prensa, entendida en su más amplia acepción (SSTC 105/1990, de 6 de junio, y 29/2009, de 26 de enero). Este criterio jurisprudencial es hoy admitido expresamente por el art. 11 CDFUE, el cual, al reconocer los derechos a la libertad de expresión y a recibir y comunicar información, hace una referencia específica al respeto a la libertad de los medios de comunicación y su pluralismo.
>
> Pero también es preciso valorar el peso relativo de los respectivos derechos fundamentales que entran en colisión. Desde esta perspectiva:
>
> i) la ponderación debe tener en cuenta si la información o la crítica tiene relevancia pública o interés general o se proyecta sobre personas que ejerzan un cargo público o una profesión de notoriedad o proyección pública (STC 68/2008; y SSTS 982/2000, de 25 de octubre, 241/2003, de 14 marzo, 862/2004, de 19 de julio, 507/2009, 6 de julio), pues entonces el peso de la libertad de información es más intenso, como establece el art. 8.2.a) LPDH en relación con el derecho a la propia imagen aplicando un principio que debe referirse también al derecho al honor. En relación con aquel derecho, la STS 1148/1997, de 17 de diciembre (no afectada en este aspecto por la STC 24 de abril de 2002) declara que la «proyección pública» se reconoce en general por razones diversas: por la actividad política, por la profesión, por la relación con un importante suceso, por la trascendencia económica y por la relación social, entre otras circunstancias. En suma, la relevancia pública o interés general de la noticia constituye un requisito para que pueda hacerse valer la prevalencia del derecho a la libertad de información cuando las noticias comunicadas o las expresiones proferidas redunden en descrédito del afectado.

ii) El derecho a la información, que tiene por objeto la puesta en conocimiento de hechos, cuando comporta la transmisión de noticias que redundan en descrédito de la persona, para que pueda prevalecer sobre el derecho al honor exige que la información cumpla el requisito de la veracidad, a diferencia de lo que ocurre con la libertad de expresión, que protege la emisión de opiniones y no se presta a una demostración de exactitud (STC 50/2010 de 4 de octubre). Por veracidad debe entenderse el resultado de una razonable diligencia por parte del informador para contrastar la noticia de acuerdo con pautas profesionales ajustándose a las circunstancias del caso, aun cuando la información, con el transcurso del tiempo, puede más adelante ser desmentida o no resultar confirmada (SSTC 139/2007, 29/2009, de 26 de enero).

iii) La transmisión de la noticia o reportaje no puede sobrepasar el fin informativo que se pretende dándole un matiz injurioso, denigrante o desproporcionado, porque, como viene reiterando el TC, la CE no reconoce un hipotético derecho al insulto (SSTC 112/2000, 99/2002, 181/2006, 9/2007, 39/2007, 56/2008 de 14 de abril; y SSTS 100/2009, de 18 de febrero, 456/2009, de 17 de junio). La protección del derecho al honor debe prevalecer frente a la libertad de expresión cuando se emplean frases y expresiones ultrajantes u ofensivas, sin relación con las ideas u opiniones que se expongan, y por tanto, innecesarias a este propósito, dado que el art. 20.1 a) CE no reconoce un pretendido derecho al insulto, que sería, por lo demás, incompatible con ella (SSTC 204/1997, de 25 de noviembre, F. 2; 134/1999, de 15 de julio, F. 3; 6/2000, de 17 de enero, F. 5; 11/2000, de 17 de enero, F. 7; 110/2000, de 5 de mayo, F. 8; 297/2000, de 11 de diciembre, F. 7; 49/2001, de 26 de febrero, F. 5; y 148/2001, de 15 de octubre, F. 4, SSTC 127/2004, de 19 de julio, 198/2004, de 15 de noviembre, y 39/2005, de 28 de febrero)».

Respecto del derecho a la intimidad personal y familiar, de acuerdo con el **ATS, rec. 1776/2020, de 27 de enero de 2021, ECLI:ES:TS:2021:581A**: «(...) Cuando el derecho a la intimidad entra en conflicto con las libertades de información y expresión, la doctrina jurisprudencial considera que el elemento legitimador es la relevancia pública del hecho divulgado y, también, que debe comprobarse que el afectado no haya adoptado pautas de comportamiento que permitan entender que consintió el público conocimiento de tales aspectos privados, pues corresponde a cada persona acotar el ámbito de intimidad personal y familiar que reserva al conocimiento ajeno (por ejemplo, sentencias 344/2016, de 24 de mayo, y 114/2017, de 22 de febrero)». Y la **sentencia del Tribunal Supremo, n.º 28/2017, de 18 de enero, ECLI:ES:TS:2017:162** «(...) corresponde a cada persona -también a las personas famosas- delimitar su intimidad, que no puede confundirse el interés público con la mera curiosidad humana y, en fin, que de la prestación del consentimiento para que se conocieran determinados aspectos de su vida privada tampoco podía deducirse su conformidad para que se supiera todo lo demás».

Respecto del derecho a la propia imagen, encontramos la **sentencia Tribunal Supremo, n.º 252/2021, de 4 de mayo, ECLI:ES:TS:2021:1581**: «(...) partiendo de la autonomía del derecho a la propia imagen, el interés de una persona por evitar la difusión de su imagen solo debe ceder ante la existencia de un **interés público prevalente o ante la presencia de circunstancias legitimadoras de la intromisión (...)**» y la **STS, n.º 415/2020, de 9 de julio, ECLI:ES:TS:2020:2230**: «(...) la regla primera para lograr la protección de este derecho fundamental consiste en que para poder captar, reproducir y/o publicar la imagen de una persona es indispensable su consentimiento inequívoco, siendo excepcionales los supuestos en los que no se requiere dicha autorización y que aparecen contemplados en la Ley Orgánica 1/1982, de 5 de mayo de protección civil del derecho al honor, a la intimidad personal y familiar y a la propia imagen. Igualmente, que la defensa que constitucionalmente se dispensa a la imagen de la persona también comprende las llamadas fotografías neutrales, es decir, todas aquellas que, aunque no contengan información gráfica sobre la vida privada o familiar del retratado, muestran sin embargo su aspecto físico de modo que lo haga reconocible (...)».

En el caso que nos ocupa no se puede entender prevalente el derecho de información en tanto en cuanto:

- [DESCRIPCIÓN].

VI.- *IURA NOVIT CURIA*

En todo lo no invocado resulta de aplicación el principio *iura novit curia*, plasmado en el párrafo segundo del punto primero del artículo 218 de la Ley de Enjuiciamiento Civil, en virtud del cual serán aplicables las demás normas que sean de pertinente, especial o general aplicación, y que el juzgador podrá tener en cuenta de oficio sin necesidad de que hayan sido previamente alegados o invocados por alguna de las partes intervinientes.

VII.- COSTAS

Por lo dispuesto en el artículo 394 de la Ley de Enjuiciamiento Civil, que regula las costas, deberán ser impuestas a la parte demandada.

En su virtud,

SUPLICO AL JUZGADO:

Que teniendo por presentada esta demanda junto con sus documentos y copias de todo ello, se sirva admitirla y tenerme por personado y parte en la representación que ostento y **por formulada demanda de JUICIO ORDINARIO** contra don/doña [NOMBRE_PARTE_CONTRARIA] y la empresa editora [NOMBRE], y, previo los trámites legales, entre los que se incluye el traslado al Ministerio Fiscal, se dicte sentencia DECLARANDO que:

1. Ha existido una intromisión ilegítima en [EL HONOR/INTIMIDAD PERSONAL Y FAMILIAR/PROPIA IMAGEN] de la parte demandante.

2. La parte demandante no ha tenido responsabilidad alguna en [ESPECIFICAR_PERJUICIO] que se dice en el artículo litigioso y, por tanto, SE CONDENE solidariamente a los demandados a:

- La **difusión** íntegra de la sentencia que recaiga en el periódico «[NOMBRE_EMPRESA]», en lugar destacado y con tratamiento tipográfico preferente.

- A **indemnizar los perjuicios causados**, indemnización que se cifra en [CANTIDAD_EN_LETRA] euros ([CANTIDAD] €), o en la cantidad que prudencialmente fije el juez teniendo en cuenta los antecedentes de esta demanda, y todo ello con expresa condena de costas del procedimiento a la parte demandada.

Por ser justicia que pido en [LOCALIDAD] a [DÍA] de [MES] de [AÑO].

Letrado/a D./D.ª [NOMBRE]

[NÚMERO_COLEGIADO ABOGADO_CLIENTE]

Procurador/a D./D.ª [NOMBRE]

[NÚMERO_COLEGIADO_ PROCURADOR_CLIENTE]

OTROSÍ DIGO: que siendo intención de esta parte cumplir con todos los requisitos legales, a tenor de lo previsto en el artículo 231 de la Ley de Enjuiciamiento Civil, se solicita se le diere traslado de cualquier defecto que adoleciere la presente demanda, para la inmediata subsanación de la misma.

Por lo expuesto,

SUPLICO AL JUZGADO:

Tenga por efectuada la anterior manifestación a los efectos oportunos.

Por ser justicia, lugar y fecha *ut supra*.

Letrado/a D./D.ª [NOMBRE]   Procurador/a D./D.ª [NOMBRE]

[NÚMERO_COLEGIADO   [NÚMERO_COLEGIADO_
ABOGADO_CLIENTE]   PROCURADOR_CLIENTE]

---

(1) Todos estos derechos, si bien es cierto que mantienen una estrecha relación, en tanto se inscriben en el ámbito propio de la personalidad, cada uno de ellos tiene un contenido propio y específico, encontrándonos ante derechos autónomos, de modo que, al tener cada uno de ellos su propia sustantividad, *la apreciación de la vulneración de uno no conlleva necesariamente la vulneración de los demás*. El carácter autónomo de los derechos del artículo 18.1 CE supone que ninguno de ellos tiene respecto de los demás la consideración de derecho genérico que pueda subsumirse en los otros dos derechos fundamentales que prevé el precepto constitucional, pues la especificidad de cada uno de estos derechos impide considerar subsumido en alguno de ellos las vulneraciones de los otros derechos por lo que habrá que examinar, en cada caso concreto, cuál o cuáles de ellos han sido objeto de lesión en virtud de la intromisión puesta de manifiesto en la demanda.

(2) Por ejemplo, comentarios injuriosos o fotografías de actividades de su vida privada con su familia.

Contestación de demanda de tutela del derecho al honor, intimidad y propia imagen

Procedimiento juicio ordinario [NÚMERO]/[AÑO]

AL JUZGADO DE PRIMERA INSTANCIA N.º [NÚMERO] DE [LOCALIDAD]

D./D.ª [NOMBRE_PROCURADOR_CLIENTE], procurador/a de los tribunales y de **D./D.ª** [NOMBRE_CLIENTE], según tengo acreditado mediante [ESPECIFICAR], el cual acompaño como **documento n.º** [NÚMERO], bajo la dirección letrada de **D./D.ª** [NOMBRE_ABOGADO_CLIENTE] colegiado/a número [NÚMERO] por el ICA [LUGAR], ante el juzgado comparezco y, como mejor proceda en derecho, DIGO:

Que mediante el presente escrito vengo a formular, en tiempo y forma, **CONTESTACIÓN A LA DEMANDA** formulada por D./D.ª [NOMBRE_PARTE_CONTRARIA] para la tutela del derecho al honor, la intimidad y la propia imagen del artículo 249.1.2.º de la LEC, de conformidad con los siguientes,

HECHOS

PREVIO.- Para negar todas y cada una de las alegaciones vertidas por la adversa en su escrito de demanda, salvo aquellas que sean expresamente reconocidas por esta parte en el cuerpo del presente escrito.

PRIMERO.- Conformes con el correlativo de hechos [NÚMERO/S] de la demanda de adverso en cuanto a las circunstancias del demandante y mi representado.

SEGUNDO.- Disconformes con el correlativo en cuanto a la vulneración del derecho a [HONOR/INTIMIDAD/PROPIA IMAGEN]:

– [DESARROLLAR].

TERCERO.- Disconformes con el correlativo en relación con los daños y perjuicios que dice haber padecido.

– [DESARROLLAR].

A los anteriores hechos le son de aplicación los siguientes

FUNDAMENTOS DE DERECHO

I.-, II.-, III.- y **IV.-** De conformidad con los correlativos en cuanto a JURISDICCIÓN, COMPETENCIA, CAPACIDAD Y LEGITIMACIÓN, REPRESENTACIÓN Y DEFENSA Y PROCEDIMIENTO.

V.- FONDO DEL ASUNTO

Sobre la vulneración del derecho al honor:

La **sentencia del Tribunal Supremo, n.º 511/2014**, de 18 de septiembre, **ECLI:ES:TS:2014:3901**, establece que:

> «(...) en relación con la posible vulneración del derecho al honor, por las expresiones utilizadas en los programas demandados, el Tribunal Constitucional ha señalado que "aquellas personas que alcanzan cierta publicidad

por la actividad profesional que desarrollan o por difundir habitualmente hechos y acontecimientos de su vida privada, o que adquieren un protagonismo circunstancial al verse implicados en hechos que son los que gozan de esa relevancia pública, pueden ver limitados sus derechos con mayor intensidad que los restantes individuos como consecuencia, justamente, de la publicidad que adquiera su figura y sus actos' (SSTC 134/1999, de 15 de julio, FJ 7; 192/1999, de 25 de octubre, FJ 7; 112/2000, de 5 de mayo, FJ 8; 49/2001, de 26 de febrero, FJ 7; 99/2002, de 6 de mayo, FJ 7; en el mismo sentido, SSTEDH Karhuvaara y Iltalehti c. Finlandia, de 16 noviembre de 2004; Lindon, Otchakovsky-Laurens y July c. Francia, de 22 octubre 2007, § 46; Avgi Publishing and Press Agency s.a. & Karis c. Grecia, de 5 de junio de 2008, § 28). Entre estas limitaciones está, sin duda, la de soportar el debate público sobre diversos aspectos de relevancia pública de su persona, en la medida en que, por las materias a que se refiera, resulte de interés general, pues quien de un modo u otro hace de la exposición personal a los demás su modo de vida y acepta instalarse en el mundo de la fama no sólo está contribuyendo a delimitar el terreno reservado a su intimidad personal, sino que también se somete al escrutinio de la sociedad. En tal sentido, el juicio acerca de la idoneidad de los personajes públicos y las opiniones relativas al merecimiento de su consideración pública entran dentro del ámbito protegido por la libertad de expresión en la medida en que no afecten innecesariamente a otros derechos fundamentales, en especial los referidos en el art. 20.4 CE» (STC de 27 de abril de 2010 FJ5)».

Por su parte, la **sentencia del Tribunal Supremo, n.º 378/2015, de 7 de julio, ECLI:ES:TS:2015:2957** señala lo siguiente:

«El derecho a la información, que tiene por objeto la puesta en conocimiento de hechos, cuando comporta la transmisión de noticias que redundan en descrédito de la persona, para que pueda prevalecer sobre el derecho al honor exige que la información cumpla el requisito de la veracidad, a diferencia de lo que ocurre con la libertad de expresión, que protege la emisión de opiniones y no se presta a una demostración de exactitud (STC 50/2010 de 4 de octubre). Por veracidad debe entenderse el resultado de una razonable diligencia por parte del informador para contrastar la noticia de acuerdo con pautas profesionales ajustándose a las circunstancias del caso, aun cuando la información, con el transcurso del tiempo, puede más adelante ser desmentida o no resultar confirmada (SSTC 139/2007, 29/2009, de 26 de enero)».

Sobre la vulneración del derecho a la intimidad:

En cuanto a la vulneración del derecho a la intimidad, la sentencia del Tribunal Supremo, n.º 694/2004, de 8 de julio, ECLI:ES:TS:2004:4923, es clara al afirmar que:

«Desde la perspectiva del conflicto o colisión entre el derecho a la información y el derecho a la intimidad, el juicio de ponderación de intereses habría de concluir en el mismo resultado favorable a la estimación del recurso. Como ha establecido el T.C., en la situación de aparente confrontación entre la libertad de información y la intimidad, es elemento decisivo la relevancia pública del hecho divulgado, en cuyo conocimiento está interesada por motivos legítimos la opinión pública (STS 187/1991; 20/1992). Doctrina aplicable a este caso concreto en el que lo esencial era la transmisión a la opinión pública del hecho de la prisión del demandante y del lugar donde se hallaba, operada, como se señaló antes, en la forma gráficas y escrita que habitualmente utilizan los medios de comunicación».

Sobre el derecho a la propia imagen:

Sobre el derecho a la propia imagen, han de destacarse las siguientes sentencias:

La **sentencia del Tribunal Supremo, n.º 536/2009, de 30 de junio, ECLI:ES:TS:2009:4435**, que establece que:

> «Así, la sentencia 216/2.006, de 3 de julio, precisa que el honor puede ser limitado por los derechos a informar y a expresarse libremente. La número 156/2.001, de 2 de julio, indica que no cabe negar la posibilidad de que, en determinadas circunstancias excepcionales, existan bienes o derechos constitucionales que legitimen la intromisión en la intimidad personal o familiar de una persona. Y la 72/2.007, de 16 de abril, que el derecho a la propia imagen puede ceder cuando exista un interés público en la captación o difusión de la misma, si ese interés público se considera que debe prevalecer sobre el particular de la persona en evitarlas».

Asimismo, en la **sentencia del Tribunal Supremo, n.º 506/2009, de 6 de julio, ECLI:ES:TS:2009:4446**, se apunta lo siguiente:

> «Sentado lo anterior, sigue diciendo la citada Sentencia que, aunque los derechos mencionados son eficaces frente a todos o erga omnes, ninguno es, en nuestro ordenamiento, ilimitado. Antes bien –al margen de la significación que, en la identificación del ámbito respectivo de protección, el artículo 2 de la Ley 1/1.982 atribuye a la norma legal, a los usos y a los actos del propio titular–, el contenido de todos ellos puede resultar restringido por imponer tal sacrificio la concurrencia con otros derechos igualmente reconocidos –sentencias 156/2001, de 2 de julio, 121/2002, de 20 de mayo, 158/2003, de 15 de septiembre, 171/2004, de 19 de octubre, 216/2006, de 3 de julio, 72/2.007, de 16 de abril, 139/2007, de 4 de junio, 244/2007, de 10 de diciembre, 68/2008, de 23 de junio, entre otras muchas–.
>
> En esos casos se hace preciso determinar cuál de ellos es, a la vista de las circunstancias concurrentes, el más digno de protección, conforme a las conocidas como técnicas de ponderación y proporcionalidad, que llevan a valorar las razones a favor de cada uno, al fin de identificar cual es el que debe ser considerado preferente en la ocasión y de hallar el punto de equilibrio entre la preferencia y el correlativo sacrificio que resulte adecuado a la vista de las circunstancias concurrentes. En este sentido, y por lo que respecta al derecho a la propia imagen, la Sentencia tantas veces citada recuerda que la Sentencia n.º 72/2.007, de 16 de abril, dice que el derecho a la propia imagen puede ceder cuando exista un interés público en la captación o difusión de la misma, si ese interés público se considera que debe prevalecer sobre el particular de la persona en evitarlas».

Además, en la **sentencia del Tribunal Constitucional, n.º 27/2020, de 24 de febrero, ECLI:ES:TC:2020:27**, se fija un criterio fundamental cuando se señala que:

> «Subrayemos, en consecuencia, que '[e]l carácter noticiable de la información se erige, por tanto, en el 'criterio fundamental' […] y 'decisivo' […] que hará ceder un derecho público subjetivo como el derecho a la imagen que se funda en valores como la dignidad humana' (STC 19/2014, FJ 6)».

VI.- COSTAS

Deben imponerse a la demandante, de conformidad con el artículo 394 de la LEC.

Por lo expuesto,

AL JUZGADO SUPLICO:

Que tenga por presentado este escrito con sus documentos y copias, se sirva a admitirlo y, en su virtud, tenga por presentada **CONTESTACIÓN A LA DEMANDA** formulada por [NOMBRE_PARTE_CONTRARIA], para que previos los trámites legales oportunos, dicte en su día sentencia por la que desestime íntegramente la demanda, con expresa imposición de costas a la actora.

Es justicia que pido en [LOCALIDAD] a [DÍA] de [MES] de [AÑO].

Letrado/a D./D.ª [NOMBRE]   Procurador/a D./D.ª [NOMBRE]

[NÚMERO_COLEGIADO   [NÚMERO_COLEGIADO_
ABOGADO_CLIENTE]   PROCURADOR_CLIENTE]

Demanda de juicio ordinario por los daños causados al honor

AL JUZGADO DE PRIMERA INSTANCIA DE
[LOCALIDAD] QUE POR TURNO CORRESPONDA

Don/Doña [NOMBRE_PROCURADOR_CLIENTE], procurador/a de los tribunales, en nombre y representación de don/doña [NOMBRE_CLIENTE], con domicilio en esta ciudad [DOMICILIO_CLIENTE], y provisto/a de DNI número [NIF_CIF_DNI_CLIENTE] lo que acredito mediante escritura de poder general para pleitos, para su unión a los autos por copia testimoniada con devolución de aquélla, previo testimonio en autos, con la asistencia del/de la letrado/a don/doña [NOMBRE_ABOGADO_CLIENTE], con núm. de colegiado/a [NÚMERO_COLEGIADO_ABOGADO_CLIENTE] como más procedente sea en derecho ante el juzgado comparezco y, **DIGO:**

Por medio de este escrito formulo **DEMANDA DE JUICIO ORDINARIO DE RECLAMACIÓN DE DAÑOS AL HONOR Y RECLAMACIÓN DE INDEMNIZACIÓN DE DAÑOS Y PERJUICIOS** contra don/doña [NOMBRE_PARTE_CONTRARIA], con [DOMICILIO_PARTE_CONTRARIA], basada en los siguientes,

HECHOS

PRIMERO.- Mi representado/a Don/Doña [NOMBRE_CLIENTE], ha sufrido un daño contra su derecho al honor, por las acusaciones públicas vertidas por Don/Doña [NOMBRE_PARTE_CONTRARIA] en un medio de comunicación público, el periódico [NOMBRE], el [DÍA] de [MES] de [AÑO], en el artículo periodístico [DESCRIPCIÓN]. Prueba documental núm. [NÚMERO].

SEGUNDO.- Las acusaciones sobre [ESPECIFICAR_PERJUICIO] que ha realizado sobre mi representado/a son plenamente falsas, ya que no existen medios para demostrar que haya sido así, prueba documental núm. [NÚMERO]. Mi representado/a se dedica a la [PROFESIÓN], por lo que dichas acusaciones afectan gravemente a la imagen de mi poderdante.

TERCERO.- Por todo ello se le reclama a la parte demandada la cantidad total de [CANTIDAD_EN_LETRA] euros ([CANTIDAD] €), como indemnización por los daños causados.

Estos hechos se corresponden con los siguientes,

FUNDAMENTOS DE DERECHO
PRIMERO.- JURISDICCIÓN Y COMPETENCIA

Corresponderá a los juzgados de primera instancia, que por turno correspondan atendiendo al artículo 45 de la LEC, conocer del fondo del asunto.

Es competente el juzgado al que me dirijo conforme al artículo 52.1.6.º de la Ley de Enjuiciamiento Civil **(1)**. En materia de derecho al honor, a la intimidad personal y familiar y a la propia imagen y, en general, en materia de protección civil de derechos fundamentales, será competente el tribunal del domicilio del demandante, y cuando no lo tuviere en territorio español, el tribunal del lugar donde se hubiera producido el hecho que vulnere el derecho fundamental de que se trate.

SEGUNDO.- CAPACIDAD Y LEGITIMACIÓN

Ambas partes se encuentran capacitadas y legitimadas en virtud de los artículos 6 y 10 de la LEC.

TERCERO.- POSTULACIÓN Y DEFENSA

Esta parte interviene con procurador/a (artículo 23.1 de la LEC) y letrado/a (artículo 31.1 de la LEC) debidamente habilitados por sus respectivos colegios profesionales.

CUARTO.- PROCEDIMIENTO

El presente procedimiento se tramitará conforme a las normas atinentes al juicio ordinario (artículos 399 a 436 de la Ley de Enjuiciamiento Civil), por razón de la materia, según lo previsto en el artículo 249.1.2.º de la Ley Enjuiciamiento Civil.

QUINTO.- CUANTÍA

La cuantía del presente procedimiento asciende a la cantidad de [CANTIDAD] euros, en concepto de daños y perjuicios, cumpliendo con lo previsto en los artículos 251 y 253 de la LEC.

SEXTO.- FONDO DEL ASUNTO

El artículo 1902 del Código Civil establece que: «El que por acción u omisión causa daño a otro, interviniendo culpa o negligencia, está obligado a reparar el daño causado».

Por otra parte, a tenor de lo dispuesto en el artículo 1968 del Código Civil, la acción civil de resarcimiento la ejercita mi mandante en calidad de perjudicado y legitimado activamente, dentro del plazo hábil para ello, o sea, antes del **transcurso de un año** contado desde la fecha de sobreseimiento y archivo de las actuaciones penales seguidas por el mismo hecho.

El demandado ha realizado actos que conllevan una ofensa al honor de mi representado, ya que se han hecho acusaciones graves sobre su persona, que le afectan además gravemente por dedicarse ésta a [PROFESIÓN]. El derecho al honor es un derecho fundamental de todos los ciudadanos que está previsto en el artículo 18 de la Constitución, por lo que debe ser protegido. Cualquier persona que lleve a cabo un acto que sea contrario al derecho al honor de los ciudadanos debe ser condenado, porque está llevando a cabo un acto contrario a lo que protege el sistema legal y, por ello, el demandado debe ser condenado y debe indemnizar el daño provocado a mi representado.

En este sentido, la **sentencia del Tribunal Supremo, n.º 9/2013, de 21 de enero, ECLI:ES:TS:2013:91**, apunta que:

> «Así las cosas, y sentado ya que la cuestión se centra en la diferente valoración, que de los mismos hechos, hace cada una de las partes a la luz de la ley y de la jurisprudencia constitucional, procede el examen de la misma a fin de concretar, en primer lugar, como se pronuncia el TC respecto de los artículos citados (art. 18.1, 20.1, a) y d) de la CE) y, por ende, respecto de los derechos fundamentales en conflicto y, en segundo lugar, analizar si en el presente caso se vulnera el derecho al honor del actor o se debe estimar que las publicaciones se encuentran dentro del marco protegido por la carta magna y por ello amparados por el derecho a la información y la libertad de expresión.
> "Distingue el TC (St. n.º 104/1986, de 17 de julio, St. n.º 174/2006 de 5 de junio, entre otras) entre el derecho que garantiza la libertad de expresión, cuyo objeto se constituye por los pensamientos, ideas y opiniones (incluidos

los juicios de valor) y el derecho a comunicar información, el cual se refiere a aquellos hechos que por su entidad, merecen ser considerados como noticiables (ambos reconocidos en el art. 20.1 de la CE). La distinción apuntada es de crucial importancia para determinar la legitimidad del ejercicio de cada uno de los derechos citados, pues mientras los hechos son susceptibles de prueba, no lo son las opiniones y los juicios de valor, obviamente por su propia naturaleza. Lo expuesto, tiene como lógica consecuencia que a quien ejercita la libertad de expresión no le es exigible prueba de la veracidad de lo que manifiesta mientras que a quien ejercita el derecho a comunicar información le es exigible, par expreso mandato constitucional, que la misma sea "veraz". Constata igualmente el TC la dificultad de deslindar, en los casos reales, los dos derechos fundamentales antedichos, pues habitualmente la expresión de ideas y pensamientos se ofrece conjuntamente con la transmisión de hechos, dicho de otro modo, la transmisión de información se constituye, a menudo, en la base sobre la que se emiten opiniones o juicios de valor. Al hilo de lo expuesto concluye el alto tribunal que el primer paso para resolver la controversia (la legitimidad en el ejercicio de cada uno de los derechos) es delimitar si, en el caso concreto, se ejercita el derecho a difundir información o, si el derecho ejercitado es el de libertad de expresión, para lo cual se habrá de analizar si al margen de los hechos en los que se apoya la esencia de lo transmitido es valorativo o meramente informativo».

SÉPTIMO.- *IURA NOVIT CURIA*

En todo lo no invocado resulta de aplicación el principio *iura novit curia*, plasmado en el párrafo segundo del punto primero del artículo 218 de la Ley de Enjuiciamiento Civil, en virtud del cual serán aplicables las demás normas que sean de pertinente, especial o general aplicación, y que el juzgador podrá tener en cuenta de oficio sin necesidad de que hayan sido previamente alegados o invocados por alguna de las partes intervinientes.

OCTAVO.- COSTAS

Se solicita la condena a costas del demandado, tal y como establecen los artículos 394 y 395 de la Ley de Enjuiciamiento Civil.

Por todo lo expuesto,

SUPLICO AL JUZGADO:

Que tenga por presentada **DEMANDA DE JUICIO ORDINARIO** de reclamación por los daños causados al honor y, después de cumplidos los trámites, se dicte **SENTENCIA** por la que:

- Se declare la existencia de intromisión ilegítima en el honor de mi representado/a.

- Se condene a la demandada a [ESPECIFICAR] **(2)**.

- Se condene a la demandada al pago de una indemnización de [CANTIDAD] euros.

- Se condene a la demandada al pago de las costas del presente procedimiento.

Por ser justicia que se pide en [LOCALIDAD], a [DÍA] de [MES] de [AÑO]

[FIRMA_ABOGADO]   [FIRMA_PROCURADOR]

---

(1) La Ley 8/2021, de 2 de junio, por la que se reforma la legislación civil y procesal para el apoyo a las personas con discapacidad en el ejercicio de su capacidad jurídica, con entrada en vigor el 3 de septiembre de 2021, modifica la redacción del ordinal 5.º del apartado primero del

artículo 52 de la Ley de Enjuiciamiento Civil. Por su parte, la Ley Orgánica 7/2022, de 27 de julio, de modificación de la Ley Orgánica 6/1985, de 1 de julio, del Poder Judicial, en materia de Juzgados de lo Mercantil, en vigor desde 17 de agosto del 2022, modificó el apartado 1.13.º del mentado artículo, y añadió el apdo. 1.13.º bis.

(2) Especificar cualquier otro pedimento que se solicite, como por ejemplo el cese en la actividad que daña el honor del demandante, o la publicación de la sentencia.

Solicitud de medidas cautelares en protección del derecho al honor, la intimidad y la propia imagen

AL JUZGADO DE PRIMERA INSTANCIA DE [LOCALIDAD]

D./D.ª [NOMBRE_PROCURADOR_CLIENTE], procurador/a de los tribunales, en nombre y representación de D./D.ª [NOMBRE_CLIENTE], mayor de edad, con domicilio en C/ [CALLE], n.º [NÚMERO], CP [CÓDIGO_POSTAL], [LOCALIDAD], [PROVINCIA] y provisto/a de DNI [NÚMERO] tal y como se acredita por medio de escritura de poder que se acompaña como **documento n.º** [NÚMERO] y bajo la dirección letrada de D./D.ª [NOMBRE_ABOGADO_CLIENTE], con número de colegiado/a [NÚMERO], ante el juzgado comparezco y como mejor proceda en derecho, **DIGO:**

Que siguiendo instrucciones de mi mandante por medio del presente escrito vengo a formular **SOLICITUD DE MEDIDAS CAUTELARES EN PROTECCIÓN DEL DERECHO AL HONOR, A LA INTIMIDAD PERSONAL Y A LA PROPIA IMAGEN** contra D./D.ª [NOMBRE], mayor de edad, con domicilio a efecto de notificaciones en C/ [CALLE], n.º [NÚMERO], CP [CÓDIGO_POSTAL], [LOCALIDAD] y provisto de DNI [NÚMERO], y todo ello con base en los siguientes,

HECHOS

PRIMERO.- En su edición de mañana ([DÍA] de [MES] de [AÑO]), el Diario [NOMBRE] publicará un artículo que lleva por título [DESCRIPCIÓN]. Dicho artículo está rubricado por D./D.ª [NOMBRE], periodista del referido diario, y en el mismo son llevadas a cabo las siguientes afirmaciones sobre mi mandante:

– [DESCRIPCIÓN].

SEGUNDO.- Dichas afirmaciones suponen una intromisión en el honor, intimidad personal y propia imagen de mi mandante, por lo que de llegar a publicarse le causarían daños irreversibles en su persona.

Se acompaña como documento n.º [NÚMERO], copia de dichas fotografías y del texto periodístico **(1)**.

TERCERO.- Esta parte acciona en atención a lo expuesto con anterioridad y de conformidad con lo establecido en el art. 730 de la LEC, comprometiéndonos a interponer la pertinente demanda dentro de lo emplazado en el meritado artículo; y entendiendo la observancia de la urgencia y necesidad en la medida dado la pronta publicación expresada, así como en los daños que producirá la misma.

A los anteriores hechos resultan de aplicación los siguientes,

FUNDAMENTOS DE DERECHO

I.- JURISDICCIÓN Y COMPETENCIA

Resulta competente el juzgado al que me dirijo, de conformidad con lo dispuesto en el artículo 723 de la Ley de Enjuiciamiento Civil, con relación al art. 52.1.6.º de la LEC, toda vez que en materia de derecho al honor, a la intimidad personal y familiar y a la propia imagen y, en general, en materia de protección civil de derechos fundamentales, será competente el tribunal del domicilio del demandante, y cuando no lo tuviere en territorio español, el tribunal del lugar donde se hubiera producido el hecho que vulnere el derecho fundamental de que se trate.

II.- CAPACIDAD Y LEGITIMACIÓN

Ambas partes ostentan la capacidad necesaria para intervenir en la presente relación jurídico-procesal de acuerdo con los artículos 6 y siguientes de la Ley de Enjuiciamiento Civil.

Asimismo, poseen ambas partes legitimación, la activa mi mandante por ser la persona cuyos derechos se observan vulnerados, y la pasiva la demandada al ser la persona que realizó los hechos descritos y demandados.

III.- POSTULACIÓN

De acuerdo con las exigencias de los artículos 23 y 31 de la Ley de Enjuiciamiento Civil, esta parte comparece representada de procurador/a y asistida de letrado/a.

IV.- PROCEDIMIENTO

Será tramitado por los cauces del artículo 9.2 de la Ley Orgánica 1/1982, de 5 de mayo, sobre protección civil del derecho al honor, a la intimidad personal y familiar y a la propia imagen, así como por la vía del artículo 728.1 de la Ley de Enjuiciamiento Civil, que establece que sólo podrán acordarse medidas cautelares si quien las solicita justifica, que, en el caso de que se trate, podrían producirse durante la pendencia del proceso, de no adoptarse las medidas solicitadas, situaciones que impidieren o dificultaren la efectividad de la tutela que pudiere otorgarse en una eventual sentencia estimatoria.

Asimismo, de acuerdo con lo dispuesto en el artículo 733.1 de la Ley de Enjuiciamiento Civil, como regla general, el tribunal proveerá a la petición de medidas cautelares previa audiencia del demandado. Continúa diciendo el referido precepto que, sin perjuicio de lo dispuesto anteriormente, **cuando el solicitante así lo pida y acredite que concurren razones de urgencia o que la audiencia previa puede comprometer el buen fin de la medida cautelar, el tribunal podrá acordarla sin más trámites mediante auto**, en el plazo de cinco días, en el que razonará por separado sobre la concurrencia de los requisitos de la medida cautelar y las razones que han aconsejado acordarla sin oír al demandado. Finalmente, contra el auto que acuerde medidas cautelares sin previa audiencia del demandado no cabrá recurso alguno y se estará a lo dispuesto en el capítulo III de este título. El auto será notificado a las partes sin dilación y, de no ser posible antes, inmediatamente después de la ejecución de las medidas.

Jurisprudencialmente, debemos mentar la sentencia del Tribunal Supremo, n.º 547/2016, de 19 de septiembre, ECLI:ES:TS:2016:4087, que reitera la jurisprudencia esgrimida por la sala en STS, n.º 810/2013, de 27 de diciembre, ECLI:ES:TS:2013:6509, la cual declaró:

«El art. 9.2 LPDH comprende una tutela reparadora y una tutela inhibitoria como acción de cesación y abstención. Es decir, la prohibición del demandado de repetir en el futuro una conducta idéntica o análoga. La petición de que en lo sucesivo se abstengan de vulnerar el derecho a la intimidad y a la propia imagen a fin de evitar intromisiones ulteriores se encuadra en la denominada tutela de abstención. Según la STS 42/2005, de 11 de febrero, **las medidas preventivas a que se refiere el artículo 9 LPDH forman parte de la tutela cautelar, de naturaleza provisional**, a lo que podría sumarse que la imposición del respeto a la ley y a los derechos fundamentales en particular dimana directamente de la norma jurídica, y constituye un imperativo del deber de respeto a la ley, y no nace, salvo casos excepcionales, de un fallo judicial. La sentencia de primera instancia requirió a los cuatro demandados para que se abstuvieran de volver a difundir información y manifestaciones que vulneraran los derechos a la intimidad y a la propia imagen de la demandante. Esta medida, ratificada por la audiencia tras la desestimación de los recursos de apelación, a la vista de las características de la intromisión ilegítima en los derechos fundamentales a la intimidad personal y a la propia imagen, trataba de proteger la privacidad de la demandante. Esta sala la considera proporcionada al fin perseguido dada la entidad de la intromisión ilegítima padecida por la demandante».

V.- CAUCIÓN

En aras a conseguir una rapidez y simplicidad procesal, y sin perjuicio de lo que posteriormente disponga este tribunal, esta parte aporta caución consistente en aval bancario de la entidad [NOMBRE], en efectivo cumplimiento de lo dispuesto en el artículo 728.3 de la LEC para responder, de manera rápida y efectiva, de los daños y perjuicios que la adopción de la medida cautelar solicitada pudiera causar al patrimonio del demandado.

Por lo expuesto,

SUPLICO AL JUZGADO:

Que teniendo por presentado este escrito, con sus copias y documentos que lo acompañan, se sirva admitirlo, me tenga por comparecido y parte en la representación que ostento y por formulada **SOLICITUD DE SUSPENSIÓN DE LA PUBLICACIÓN DEL DIARIO** [NOMBRE] en su edición de mañana contra quien se pretende la interposición futura de una demanda junto con el autor.

Por ser justicia, en [LOCALIDAD], a [DÍA] de [MES] de [AÑO].

Letrado/a D./D.ª [NOMBRE]   Procurador/a D./D.ª [NOMBRE]
[NÚMERO_COLEGIADO ABOGADO_   [NÚMERO_COLEGIADO_PROCURA-
CLIENTE]   DOR_CLIENTE]

PRIMER OTROSÍ DIGO: sea admitida la caución ofrecida por esta parte, sin perjuicio de que el tribunal la estime innecesaria o acuerde otra superior.

En su virtud,

SUPLICO AL JUZGADO:

Que tenga por presentada la caución ofrecida, la estime y acuerde su suficiencia.

Por ser justicia, fecha y lugar *ut supra*.

Letrado/a D./D.ª [NOMBRE]   Procurador/a D./D.ª [NOMBRE]
[NÚMERO_COLEGIADO ABOGADO_   [NÚMERO_COLEGIADO_PROCURA-
CLIENTE]   DOR_CLIENTE]

SEGUNDO OTROSÍ DIGO: teniendo en cuenta la situación de la inminente salida del Diario [NOMBRE], esta parte solicita expresamente al juzgado que acuerde las medidas cautelares solicitadas sin más trámites, acordando mediante auto la medida cautelar solicitada sin audiencia del demandado al amparo del artículo 733.2 de la Ley de Enjuiciamiento Civil.

SUPLICO AL JUZGADO:

Que tenga por efectuada la anterior manifestación y se proceda al establecimiento de la medida solicitada inaudita parte.

Por ser justicia, fecha y lugar *ut supra*.

Letrado/a D./D.ª [NOMBRE]   Procurador/a D./D.ª [NOMBRE]

[NÚMERO_COLEGIADO   [NÚMERO_COLEGIADO_
ABOGADO_CLIENTE]   PROCURADOR_CLIENTE]

TERCER OTROSÍ DIGO: siendo intención de esta parte cumplir con todos los requisitos legales, a tenor de lo previsto en el artículo 231 de la Ley de Enjuiciamiento Civil, se solicita se le diere traslado de cualquier defecto que adoleciere la presente demanda, para la inmediata subsanación de la misma.

SUPLICO AL JUZGADO:

Que tenga por efectuada la anterior manifestación a los efectos oportunos.

Por ser justicia, fecha y lugar *ut supra*.

Letrado/a D./D.ª [NOMBRE]   Procurador/a D./D.ª [NOMBRE]

[NÚMERO_COLEGIADO   [NÚMERO_COLEGIADO_
ABOGADO_CLIENTE]   PROCURADOR_CLIENTE]

---

(1) Adjuntar prueba de los extremos alegados. En el caso concreto, podría interponerse junto con declaraciones juradas de terceros u otra prueba acreditativa de lo expuesto.

Recurso de apelación contra sentencia que declara la intromisión ilegítima en el derecho al honor

Procedimiento: ordinario

Número: [NÚMERO / AÑO]

A LA AUDIENCIA PROVINCIAL DE [PROVINCIA] (1)

D./D.ª [NOMBRE_PROCURADOR_CLIENTE], procurador/a de los tribunales y de D./D.ª [NOMBRE_CLIENTE], según tengo acreditado en los autos de juicio ordinario señalados con el número [NÚMERO] seguidos a instancia de D./D.ª [NOMBRE_PARTE_CONTRARIA], bajo la dirección letrada de D./D.ª [NOMBRE ABOGADO CLIENTE] colegiado núm. [NÚMERO], ante la Audiencia comparezco y, como mejor proceda en derecho, **DIGO:**

Que en la representación que ostento y por medio del presente escrito, dentro del plazo que me ha sido conferido, interpongo, en tiempo y forma **RECURSO DE APELACIÓN** contra la resolución de fecha [FECHA], recaída en las presentes actuaciones y notificada en fecha [FECHA], de conformidad con lo dispuesto en los artículos 458 y siguientes de la Ley de Enjuiciamiento Civil **(2)**, y ello de conformidad con las siguientes,

ALEGACIONES

PREVIA.- El presente recurso de apelación, con base al artículo 458 y siguientes de la Ley de Enjuiciamiento Civil, tiene por objeto la revocación de la sentencia n.º [NÚMERO] dictada por el juzgado de primera instancia n.º [NÚMERO], de [LOCALIDAD], de fecha [FECHA] **(3)** por la que se declara la intromisión ilegítima y violación en el derecho al honor del actor, vulnerándose así el derecho a la libertad de expresión de nuestro representado habida cuenta que los hechos relatados como intromisiones ilegítimas vienen referidos básicamente a la actividad pública de este como [DESCRIPCIÓN].

ÚNICA.- Motivos de apelación (4)

Se impugna la resolución recurrida por infracción de la ponderación llevada a cabo por el juzgador de instancia en relación con los artículos 18.1 de la Constitución Española por el que se garantiza el derecho al honor, a la intimidad personal y familiar y a la propia imagen y el artículo 20.1. a) del mismo texto legal por el que se reconoce y protege el derecho a expresar y difundir libremente los pensamientos, ideas y opiniones, mediante la palabra, el escrito o cualquier otro medio de reproducción.

En primer lugar, es de destacar que debe mantenerse como válido e, incluso, cabe estimar incuestionado que, en el supuesto enjuiciado, el derecho en conflicto frente al del honor cuya protección se insta es el derecho de expresión.

Siendo así de aplicación la doctrina constitucional que se recoge, entre otras, en la **sentencia del Tribunal Constitucional, n.º 216/2013, de 19 de diciembre, ECLI:ES:TC:2013:216**, al decir:

> «La primera cuestión que se nos plantea, para poder realizar la ponderación constitucional adecuada, es la de discernir si nos encontramos en el ámbito de la libertad de expresión o en el del derecho a la libertad de información, puesto

que, a pesar de que los recurrentes en amparo invocan conjuntamente ambos derechos, 'los parámetros que han de presidir nuestro análisis serán diferentes según nos hallemos ante uno u otro derecho' (STC 50/2010, de 4 de octubre, FJ 4). En efecto, hemos insistido en numerosas ocasiones en la necesidad de distinguir entre 'los derechos que garantizan la libertad de expresión, cuyo objeto son los **pensamientos, ideas y opiniones, incluyendo las apreciaciones y los juicios de valor,** y el derecho a comunicar información, que se refiere a la difusión de hechos que merecen ser considerados noticiables' (SSTC 50/2010, de 4 de octubre, FJ 4; y también 41/2011, de 11 de abril, FJ 2). La distinción no es baladí pues la veracidad, entendida como diligencia en la averiguación de los hechos, condiciona la legitimidad del derecho a la información, **requisito que, sin embargo, no es exigible cuando lo que se ejercita es la libertad de expresión, pues las opiniones y juicios de valor no se prestan a una demostración de su exactitud,** como sí ocurre con los hechos (SSTC 9/2007, de 15 de enero, FJ 4; 50/2010, de 4 de octubre y 41/2011, de 11 de abril). Todo ello sin perjuicio de que, en muchos casos, no sea fácil separar la expresión de pensamientos, ideas y opiniones de la simple narración de unos hechos (entre otras, SSTC 110/2000, de 5 de mayo, FJ 6; 29/2009, de 26 de enero, FJ 2 y 50/2010, de 4 de octubre, FJ 4)».

En el presente caso, tal y como puede fácilmente deducirse de la práctica de la prueba practicada, las declaraciones de nuestro representado constituyen un juicio de valor, por lo que el derecho concernido es el derecho a la libertad de expresión.

En segundo lugar, es también incuestionada la muy alta relevancia pública del actor, [DESCRIPCIÓN], siendo necesario poner en valor que los hechos relatados como intromisiones ilegítimas en la sentencia objeto del presente recurso vienen referidos básicamente a la actividad pública del actor como [DESCRIPCIÓN].

Partiendo de las anteriores premisas, lo cierto es que debe apreciarse que la resolución objeto de apelación infringe el derecho fundamental expresamente recogido en el artículo 20.1. a) de la Constitución Española a través del que se reconoce y protege el derecho a expresar y difundir libremente los pensamientos, ideas y opiniones, mediante la palabra, el escrito o cualquier otro medio de reproducción, y la doctrina esgrimida por la Sala del Tribunal Constitucional en la sentencia ya anteriormente referida **STC, n.° 216/2013, de 19 de diciembre, ECLI:ES:TC:2013:216:**

«Ubicados, pues, en el ámbito de la libertad de expresión, conviene destacar que, como hemos afirmado entre otras muchas en la STC 77/2009, de 23 de marzo, FJ 4, "el libre ejercicio del derecho a la libertad de expresión, al igual que el de información, garantiza un interés constitucional relevante como es 'la formación y existencia de una opinión pública libre, que es una condición previa y necesaria para el ejercicio de otros derechos inherentes al funcionamiento de un sistema democrático, que encuentra un límite, constitucionalmente reconocido, en el derecho al honor de las personas, **lo que no excluye la crítica de la conducta de otro, aun cuando la misma sea desabrida y pueda molestar, inquietar o disgustar a quien se dirige, pues así lo requieren el pluralismo, la tolerancia y el espíritu de apertura, sin los cuales no existe sociedad democrática** (STC 9/2007, de 15 de enero, FJ 4)". De igual modo hemos sostenido que el derecho al honor, que garantiza "la buena reputación de una persona, protegiéndola frente a expresiones o mensajes que lo hagan desmerecer en la consideración ajena al ir en su descrédito o menosprecio o que sean tenidas en el concepto público por afrentosas" (por todas, SSTC 180/1999, de 11 de octubre, FJ 4 y 9/2007, de 15 de enero, FJ 3), protege también frente aquellas críticas o informaciones acerca de la conducta profesional o laboral de una persona que pueden constituir "un auténtico ataque a su honor personal, incluso de especial gravedad, ya que `la actividad profesional suele ser una de las formas más destacadas de manifestación externa de la personalidad y de la relación del individuo con el resto de la colectividad, de forma que la descalificación injuriosa o innecesaria de ese comportamiento tiene un especial e intenso efecto sobre dicha relación y sobre lo que los demás puedan pensar de una persona, repercutiendo tanto en los resultados patrimoniales de su actividad como en la imagen personal que de ella se tenga (STC 180/1999, FJ 5). A este respecto, hemos concretado que la protección del art. 18.1CE sólo alcanza "a aquellas críticas que, pese a estar formalmente dirigidas a la actividad profesional de un individuo, constituyen en el fondo una descalificación personal, al repercutir directamente en su consideración y dignidad individuales, poseyendo un especial relieve aquellas infamias que pongan en duda o menosprecien su probidad o su ética en el desempeño de aquella actividad; lo que, obviamente, dependerá de las circunstancias del caso, de quién, cómo, cuándo y de qué forma se ha cuestionado la valía profesional del ofendido (STC 180/1999, FJ 5)" (STC 9/2007, de 15 de enero, FJ 3). También es doctrina constitucional reiterada que la **ponderación del ejercicio del derecho a la libertad de expresión y del derecho al honor y la determinación de sus límites requiere tener en cuenta diversas circunstancias como "el juicio sobre la relevancia pública del asunto, el tipo de intervención y, por encima de todo, el dato de si, en efecto, contribuyen o no a la formación de la opinión pública**, incidiéndose en que este límite se debilita o pierde peso en la ponderación a efectuar cuando los titulares del honor ejercen funciones públicas o resultan implicados en asuntos de relevancia pública, siendo en estos casos más amplios los límites de la crítica permisible, pues estas personas están expuestas a un más riguroso control de sus actividades y manifestaciones que si se tratase de simples particulares sin proyección pública alguna (...) [T]ambién se ha puesto de manifiesto que, incluso en el ámbito en el que los límites de la crítica permisible son más amplios, la Constitución no reconoce un pretendido derecho al insulto, lo que significa que de la protección constitucional que otorga el art. 20.1 a) CE, están excluidas las expresiones absolutamente vejatorias, es decir, las que, en las concretas circunstancias del caso, y al margen de su veracidad, sean ofensivas o ultrajantes y resulten impertinentes para expresar las opiniones o informaciones de que se trate (por todas, STC 9/2007, de 15 de enero, FJ 4)" (STC 77/2009, de 23 de marzo, FJ 4)».

En consecuencia, y toda vez que, las «intromisiones» han sido realizadas en el marco del derecho de expresión como crítica a la actuación de un importante cargo en el ámbito de una actividad de interés general relevante, la afectación del derecho al honor sufrida debe ceder, tal y como expresa la **sentencia del Tribunal Supremo, n.º 385/2018, de 21 de junio, ECLI:ES:TS:2018:2287**, frente al derecho de libertad de expresión y de crítica respecto de las actuaciones que puedan tener una trascendencia pública:

> «No se trata por ello de determinar simplemente si ha habido un atentado o intromisión en el derecho al honor del demandante sino que, más allá de dicha realidad, se impone un juicio de ponderación a efectos de establecer si tal intromisión es o no ilegítima, pues no lo será cuando se trate de poner de manifiesto actuaciones que tengan un cierto interés público o social y que, sin perjuicio de comportar molestia y causar desagrado a quien resulta ser el destinatario de tales imputaciones, no alcanzan la categoría de insulto o descalificación innecesaria para la propia finalidad de la denuncia que se efectúa (sentencia 95/2017, de 15 de febrero)».

151

Por lo expuesto,

SUPLICO A LA AUDIENCIA:

Que tenga por presentado este escrito, lo admita junto con sus documentos y copias, y tenga por interpuesto **RECURSO DE APELACIÓN**, contra la resolución n.º [NÚMERO], procediéndose, tras los trámites legales oportunos, a dar traslado a las demás partes para que presenten escrito de oposición/impugnación y finalmente se dicte resolución por la que, estimando este recurso de apelación, se revoque íntegramente la de [FECHA], recaída en los autos [DESCRIPCIÓN] seguidos ante el Juzgado [ESPECIFICAR], declarando ajustadas a derecho las pretensiones de este recurso, con condena en costas a la parte contraria.

Por ser justicia que pido en [LOCALIDAD] a [DÍA] de [MES] de [AÑO].

Letrado/a D./D.ª [NOMBRE]	Procurador/a D./D.ª [NOMBRE]
[NÚMERO_COLEGIADO ABOGADO_CLIENTE]	[NÚMERO_COLEGIADO_ PROCURADOR_CLIENTE]

PRIMER OTROSÍ DIGO: al amparo del artículo 231 de la Ley de Enjuiciamiento Civil, esta parte manifiesta su voluntad de corregir cualquier defecto de carácter procesal en que pudiera haber incurrido.

En su virtud,

SUPLICO A LA AUDIENCIA:

Que tenga por hecha la anterior manifestación.

Por ser justicia, fecha y lugar *ut supra*.

Letrado/a D./D.ª [NOMBRE]	Procurador/a D./D.ª [NOMBRE]
[NÚMERO_COLEGIADO ABOGADO_CLIENTE]	[NÚMERO_COLEGIADO_ PROCURADOR_CLIENTE]

---

(1) El artículo 458 de la LEC se ve reformado por el RD-ley 6/2023, de 19 de diciembre, con entrada en vigor el 20/03/2024. Desde esa fecha el recurso de apelación se interpondrá ante el tribunal competente para conocerlo.

(2) El RD-ley 6/2023, de 19 de diciembre, modifica el artículo 458 de la LEC con entrada en vigor el 20/03/2024.

(3) La Ley de Enjuiciamiento Civil, exige indicar la resolución que se recurre. Además, en virtud del artículo 455 de la LEC, debe justificarse que puede acceder a este recurso por tratarse de una sentencia que no se ha dictado en juicio verbal por razón de la cuantía inferior a 3.000 euros o por tratarse de auto definitivo o que la ley señale como recurrible.

(4) Indicar y desarrollar los pronunciamientos que se impugnan de la resolución recurrida. Si se alegan infracciones procesales, debe acreditarse la indefensión sufrida, en su caso, y que se denunció oportunamente cuando se tuvo ocasión procesal para ello.

Recurso de casación para la tutela judicial civil del derecho fundamental al honor

Rollo número [NÚMERO]

A LA AUDIENCIA PROVINCIAL DE [PROVINCIA]

PARA ANTE LA SALA PRIMERA DE LO CIVIL DEL TRIBUNAL SUPREMO

Don/Doña [NOMBRE_PROCURADOR_CLIENTE], con número de colegiado/a [NÚMERO_COLEGIADO_PROCURADOR_CLIENTE], en nombre y representación de **don/doña** [NOMBRE_CLIENTE], según acredito mediante poder que acompaño como documento número [NÚMERO], con la asistencia letrada de don/doña [NOMBRE_ABOGADO_CLIENTE] con número de colegiado/a [NÚMERO_COLEGIADO_ABOGADO_CLIENTE], ante la sala comparezco y, como mejor proceda en derecho, DIGO:

Mediante el presente escrito venimos a formular **RECURSO DE CASACIÓN** frente a la sentencia número [NÚMERO], de fecha [FECHA], dictada por la Audiencia Provincial de [PROVINCIA], de conformidad con el artículo 477 de la LEC, así como los concordantes que sean de aplicación al mismo:

Artículo 477 de la Ley de Enjuiciamiento Civil:

«1. Serán recurribles en casación las sentencias que pongan fin a la segunda instancia dictadas por las Audiencias Provinciales cuando, conforme a la ley, deban actuar como órgano colegiado y los autos y sentencias dictados en apelación en procesos sobre reconocimiento y ejecución de sentencias extranjeras en materia civil y mercantil al amparo de los tratados y convenios internacionales, así como de Reglamentos de la Unión Europea u otras normas internacionales, cuando la facultad de recurrir se reconozca en el correspondiente instrumento.

Serán también recurribles en casación las sentencias dictadas por las Audiencias Provinciales en los recursos contra las resoluciones que agotan la vía administrativa dictadas en materia de propiedad industrial por la Oficina Española de Patentes y Marcas. [Añadido por el RD-ley 6/2023, de 19 de diciembre, con entrada en vigor el 20/03/2024].

2. El recurso de casación habrá de fundarse en infracción de norma procesal o sustantiva, siempre que concurra interés casacional. No obstante, podrá interponerse en todo caso recurso de casación contra sentencias dictadas para la tutela judicial civil de derechos fundamentales susceptibles de recurso de amparo, aun cuando no concurra interés casacional.

3. Se considerará que un recurso presenta interés casacional cuando la resolución recurrida se oponga a doctrina jurisprudencial del Tribunal Supremo o resuelva puntos y cuestiones sobre los que exista jurisprudencia contradictoria de las Audiencias Provinciales o aplique normas sobre las que no existiese doctrina jurisprudencial del Tribunal Supremo.

Cuando se trate de recursos de casación de los que deba conocer un Tribunal Superior de Justicia, se entenderá que existe interés casacional cuando la sentencia recurrida se oponga a doctrina jurisprudencial, o no exista doctrina del Tribunal Superior de Justicia sobre normas de Derecho especial de la Comunidad Autónoma correspondiente, o resuelva puntos y cuestiones sobre los que exista jurisprudencia contradictoria de las Audiencias Provinciales.

4. La Sala Primera o, en su caso, las Salas de lo Civil y de lo Penal de los Tribunales Superiores de Justicia, podrán apreciar que existe interés casacional

notorio cuando la resolución impugnada se haya dictado en un proceso en el que la cuestión litigiosa sea de interés general para la interpretación uniforme de la ley estatal o autonómica. Se entenderá que existe interés general cuando la cuestión afecte potencial o efectivamente a un gran número de situaciones, bien en sí misma o por trascender del caso objeto del proceso.

5. La valoración de la prueba y la fijación de hechos no podrán ser objeto de recurso de casación, salvo error de hecho, patente e inmediatamente verificable a partir de las propias actuaciones.

6. Cuando el recurso se funde en infracción de normas procesales será imprescindible acreditar que, de haber sido posible, previamente al recurso de casación la infracción se ha denunciado en la instancia y que, de haberse producido en la primera, la denuncia se ha reproducido en la segunda instancia. Si la infracción procesal hubiere producido falta o defecto subsanable, deberá haberse pedido la subsanación en la instancia o instancias oportunas».

MOTIVOS

-I-

El presente recurso se interpone frente a la sentencia número [NÚMERO] de fecha [FECHA] y notificada en fecha [FECHA], dictada por la Audiencia Provincial de [PROVINCIA], sección [NÚMERO] mediante la que se confirma/revoca la sentencia [NÚMERO] de [FECHA] dictada por el Juzgado de Primera Instancia de [LOCALIDAD] en el juicio ordinario promovido por don/doña [NOMBRE_PARTE_CONTRARIA] frente a don/doña [NOMBRE_CLIENTE].

Se acompaña certificación de la sentencia como **documento número** [NÚMERO].

Frente a la misma se interpone recurso de casación contra sentencia dictada para la tutela judicial civil de derechos fundamentales al amparo del **artículo 477 de la LEC** contra sentencia dictada en procedimiento sobre tutela judicial de protección del derecho al honor, la intimidad personal y familiar y a la propia imagen que se tramitó de conformidad con el artículo 249.1.2.º de la LEC que establece que se decidirán en juicio ordinario, con independencia de su cuantía las demandas que pretendan «la tutela del derecho al honor, a la intimidad y a la propia imagen, y las que pidan la tutela judicial civil de cualquier otro derecho fundamental, salvo las que se refieran al derecho de rectificación. En estos procesos, será siempre parte el Ministerio Fiscal y su tramitación tendrá carácter preferente».

Vulneración del derecho fundamental del artículo CE

-II-

II.1.- Vulneración del derecho al honor reconocido en el artículo 18.1 de la Constitución Española en conexión con el del artículo 9.3 de la Ley Orgánica 1/1982, de 2 de mayo, de protección civil del derecho al honor, a la intimidad personal y familiar y la propia imagen. El artículo ha resultado infringido al no contemplar la indemnización, fijado el daño moral declarado probado (1).

Se cita la sentencia del Tribunal Supremo n.º 81/2015, de 18 de febrero, ECLI:ES:TS:2015:557, que establece:

«(...) la indemnización fijada en la sentencia recurrida no se ajusta a los criterios establecidos en el art. 9.3 de la Ley Orgánica 1/1982, puesto que da relevancia, para rebajar considerablemente la indemnización solicitada, al dato de la escasa cuantía de la deuda por la que el demandante fue incluido en los registros de morosos, y no toma en la consideración debida las circunstancias concurrentes, muy especialmente, la gravedad del daño moral por el tiempo que sus datos han permanecido incluidos en los registros de morosos y la divulgación que los mismos han tenido, así como el daño patrimonial que para el demandante supone la grave obstaculización de acceso al crédito y la afectación a su imagen de solvencia patrimonial».

II.2.- Vulneración del derecho al honor reconocido en el artículo 18.1 de la Constitución Española en conexión con el del artículo 1101 del Código Civil. El artículo se infringe por no acordar la procedencia de la indemnización existiendo negligencia en el cumplimiento de las obligaciones **(1)**.

Desarrollo del motivo **(2)**.

Por lo expuesto,

A LA SALA DE LA AUDIENCIA PROVINCIAL SUPLICO:

Que tenga por presentado este escrito, se sirva a admitirlo y en su virtud el letrado de la Administración de Justicia acuerde la remisión de los autos a la Sala Primera del Tribunal Supremo, con emplazamiento a las partes por término de treinta días y,

A LA SALA PRIMERA DEL TRIBUNAL SUPREMO SUPLICO:

Que acuerde la admisión del presente recurso y, previos los trámites legales oportunos, dicte en su día sentencia por que acuerde la estimación del recurso de casación y, en su virtud, case la sentencia de [FECHA] de la Sección [NÚMERO] de la Audiencia Provincial de [PROVINCIA] y declare vulnerada la norma y el derecho fundamental **(3)**.

Es justicia que pido en [LOCALIDAD], a [DÍA], [MES], [AÑO].

[FIRMA_ABOGADO/A]   [FIRMA_PROCURADOR/A]

PRIMER OTROSÍ DIGO: de conformidad con el artículo 481.1 de la LEC esta parte considera necesaria la celebración de la vista.

En su virtud,

SUPLICO A LA SALA:

Que tenga por efectuada la anterior manifestación a los efectos oportunos.

Por ser justicia, fecha y lugar *ut supra*.

[FIRMA_ABOGADO/A]   [FIRMA_PROCURADOR/A]

SEGUNDO OTROSÍ DIGO: de conformidad con el apartado tercero de la DA 15.ª de la LOPJ esta parte ha consignado la cantidad de 50 euros en la cuenta de depósitos y consignaciones, como acreditamos con el justificante de pago que adjuntamos como documento n.º [NÚMERO].

Por lo anterior,

SUPLICO A LA SALA:

Que tenga por efectuada la anterior manifestación a los efectos oportunos.

Por ser justicia, fecha y lugar *ut supra*.

[FIRMA_ABOGADO/A]   [FIRMA_PROCURADOR/A]

TERCER OTROSÍ DIGO: siendo intención de esta parte cumplir con todos los requisitos legales, a tenor de lo previsto en el artículo 231 de la Ley de Enjuiciamiento Civil, se solicita se le diere traslado de cualquier defecto que adoleciere este recurso, para la inmediata subsanación del mismo.

Por ello,

SUPLICO A LA SALA:

Que tenga por efectuada la anterior manifestación a los efectos oportunos.

Por ser justicia, fecha y lugar *ut supra*.

[FIRMA_ABOGADO/A]   [FIRMA_PROCURADOR/A]

---

(1) En cada motivo debe resumirse al inicio la infracción cometida (cómo, por qué y en qué ha sido infringida o desconocida la norma citada).

(2) Esta segunda parte se centrará en el desarrollo del motivo y cumplirá los siguientes requisitos establecidos en el Acuerdo de 27-1-2017: 1. Exposición razonada de la infracción o vulneración denunciada en el encabezamiento y de cómo influyó en el resultado del proceso. 2. No podrá apartarse del contenido esencial del encabezamiento y deberá tener la razonable claridad expositiva para permitir la identificación del problema jurídico planteado y para fundamentar adecuadamente la infracción del ordenamiento jurídico alegada en relación con la norma, derecho fundamental, principio general del derecho o jurisprudencia aplicable al caso que se denuncien como vulnerados.

(3) En la petición final deberán indicarse con precisión los pronunciamientos que se interesan de la sala.

Querella por calumnias e injurias cometidas por medio de la imprenta, el grabado u otro medio de publicación

AL JUZGADO DE INSTRUCCIÓN DE [LOCALIDAD]

D./D.ª [NOMBRE_PROCURADOR_CLIENTE], procurador/a de los tribunales, en nombre y representación de **D./D.ª** [NOMBRE_CLIENTE], según acredito mediante poder especial que acompaño y en el que constan sus datos personales, ante el juzgado comparezco con la asistencia letrada de **D./D.ª** [NOMBRE_ABOGADO_CLIENTE] y como mejor proceda en derecho, DIGO:

Que mediante el presente escrito formulo **QUERELLA** en nombre de mi representado/a contra D./D.ª [NOMBRE_PARTE_CONTRARIA], mayor de edad, vecino/a de [LOCALIDAD] y DNI número [DNI_PARTE_CONTRARIA] por haber cometido contra la parte querellante, D./D.ª [NOMBRE_CLIENTE], delito de **CALUMNIAS E INJURIAS CON PUBLICIDAD**, a través de la imprenta, radiodifusión o por cualquier otro medio de eficacia semejante **(1)**, según exigen los artículos 277 de la Ley de Enjuiciamiento Criminal y 215 del Código Penal, por lo que se hacen constar los siguientes

HECHOS

PRIMERO.- El querellante D./D.ª [NOMBRE_CLIENTE] con domicilio en [DOMICILIO_CLIENTE] y DNI número [DNI].

SEGUNDO.- La querella se presenta contra D./D.ª [NOMBRE_PARTE_CONTRARIA] con domicilio en [DOMICILIO_PARTE_CONTRARIA] y DNI número [DNI_PARTE_CONTRARIA].

TERCERO.- Los hechos ocurrieron como se describe a continuación: [DESCRIPCIÓN] **(2)** y podrían ser calificados como delito de **calumnias e injurias** regulado en el artículo 211 del Código Penal.

CUARTO.- Acompañamos acta de conciliación de fecha [FECHA] celebrada [DESCRIPCIÓN] ante el Juzgado de Primera Instancia número [NÚMERO] de [DESCRIPCIÓN] como documento número [NÚMERO], cumpliendo lo establecido en los artículos 278 y 804 de la Ley de Enjuiciamiento Criminal.

QUINTO.- Testigos directos de estos hechos fueron D./D.ª [NOMBRE] con domicilio en [DOMICILIO] y D./D.ª [NOMBRE] con domicilio en [DOMICILIO].

A los anteriores hechos le son de aplicación los siguientes

FUNDAMENTOS DE DERECHO

PRIMERO.- JURISDICCIÓN Y COMPETENCIA

La competencia para el conocimiento de esta pretensión corresponde al juzgado de instrucción tal y como se establece en el artículo 272 de la Ley de Enjuiciamiento Criminal.

SEGUNDO.- CAPACIDAD Y LEGITIMACIÓN

Mi mandante se encuentra plenamente capacitado/a procesalmente y legitimado/a en virtud del artículo del artículo 270 de la Ley de Enjuiciamiento Criminal.

TERCERO.- POSTULACIÓN Y DEFENSA

Mi poderdante actúa asistido/a de abogado/a/ graduado/a social [NOMBRE_ABO-GADO_CLIENTE] colegiado/a con el n.º [NÚMERO] y procurador/a [NOMBRE_PRO-CURADOR_CLIENTE], tal y como se establece en el artículo 277 de la Ley de Enjuiciamiento Criminal.

CUARTO.- PROCEDIMIENTO

En cuanto a la tramitación del presente procedimiento, invocamos expresamente los artículos 804 y siguientes de la Ley de Enjuiciamiento Criminal sobre el procedimiento por delitos de injuria y calumnia contra particulares, los artículos 816 y siguientes del mismo cuerpo legal relativo al procedimiento por delitos cometidos por medio de la imprenta, el grabado u otro medio mecánico de publicación, y el artículo 215 del Código Penal (3).

QUINTO.- FONDO DEL ASUNTO

Los **delitos de injurias y calumnias** aparecen regulados en los artículos 205 y siguientes del Código Penal, relativos a delitos contra el honor.

> «Es calumnia la imputación de un delito hecha con conocimiento de su falsedad o temerario desprecio hacia la verdad».
>
> «Es injuria la acción o expresión que lesionan la dignidad de otra persona, menoscabando su fama o atentando contra su propia estimación.
>
> Solamente serán constitutivas de delito las injurias que, por su naturaleza, efectos y circunstancias, sean tenidas en el concepto público por graves, sin perjuicio de lo dispuesto en el apartado 4 del artículo 173».

El artículo 211 del Código Penal hace referencia a la **publicidad de las injurias y las calumnias**:

> «La calumnia y la injuria se reputarán hechas con publicidad cuando se propaguen por medio de la imprenta, la radiodifusión o por cualquier otro medio de eficacia semejante».

Por otro lado, al tratarse de un delito cometido por medio de **la imprenta, el grabado u otro medio de publicación**, es necesario hacer referencia al artículo 816 de la Ley de Enjuiciamiento Criminal, en el cual se establece el **secuestro por parte del Juez o Tribunal de los ejemplares**, inmediatamente empezado el procedimiento.

> «Inmediatamente que se dé principio a un procedimiento por delito cometido por medio de la imprenta, el grabado u otro medio mecánico de publicación, el Juez o Tribunal acordará el secuestro de los ejemplares del impreso o de la estampa donde quiera que se hallaren y del molde de ésta.
>
> Se procederá asimismo inmediatamente a averiguar quién haya sido el autor real del escrito o estampa con cuya publicación se hubiese cometido el delito».

Cabe citar la **sentencia de la Audiencia Provincial de Córdoba, n.º 395/2016, de 26 de septiembre, ECLI:ES:APCO:2016:832**, en la cual se establece como **requisito para ser consideradas públicas las injurias y las calumnias que estas se propaguen por medio de la imprenta, radiodifusión o cualquier medio de eficacia semejante**:

> «"La injuria inferida se produce con publicidad al utilizarse la imprenta y otros medios de semejante eficacia que contribuyen a que el mensaje injurioso llegue a muchas personas del entorno de la víctima"... "en tales preceptos legales se castiga al que ejecute cualquier acción o expresión que lesione la

dignidad de otra persona, menoscabando su fama o atentando contra su propia estimación...y las propague por medio de la imprenta, la radiodifusión o por cualquier otro medio de eficacia semejante"».

Por todo lo expuesto,

SUPLICO AL JUZGADO:

Que tenga por presentado este escrito con los documentos que acompaño y copia de todo ello, lo admita a trámite y acuerde tener por interpuesta **QUERELLA**, a fin de que se acuerde la incoación de las oportunas diligencias, se cite a los implicados y los testigos que proponemos a juicio verbal y, en su caso, se practiquen el resto de las diligencias interesadas.

Por ser justicia en [LOCALIDAD] a [FECHA].

Letrado/a D./D.ª [NOMBRE]   Procurador/a D./D.ª [NOMBRE]

[NÚMERO_COLEGIADO   [NÚMERO_COLEGIADO_
ABOGADO_CLIENTE]   PROCURADOR_CLIENTE]

OTROSÍ DIGO: se acompaña el documento que contiene la calumnia proferida, para dar cumplimiento a lo dispuesto en el artículo 806 de la Ley Enjuiciamiento Criminal y se interesa la práctica de las siguientes pruebas (4):

INTERROGATORIO de las partes.

TESTIFICAL, para que los testigos que a continuación se relacionan, sean citados por vía judicial para ser examinados en dicho acto de juicio:

– D./D.ª [NOMBRE_TESTIGO] con domicilio en [DOMICILIO_TESTIGO].
– D./D.ª [NOMBRE_TESTIGO] con domicilio en [DOMICILIO_TESTIGO].
– D./D.ª [NOMBRE_TESTIGO] con domicilio en [DOMICILIO_TESTIGO].

SUPLICO AL JUZGADO:

Admita la práctica de la prueba interesada por esta parte.

Por ser justicia en lugar y fecha *ut supra*.

Letrado/a D./D.ª [NOMBRE]   Procurador/a D./D.ª [NOMBRE]

[NÚMERO_COLEGIADO   [NÚMERO_COLEGIADO_
ABOGADO_CLIENTE]   PROCURADOR_CLIENTE]

---

(1) El artículo 816 de la Ley de Enjuiciamiento Criminal dispone que:
«Inmediatamente que se dé principio a un procedimiento por delito cometido por medio de la imprenta, el grabado u otro medio mecánico de publicación, el Juez o Tribunal acordará el secuestro de los ejemplares del impreso o de la estampa donde quiera que se hallaren y del molde de ésta. Se procederá asimismo inmediatamente a averiguar quién haya sido el autor real del escrito o estampa con cuya publicación se hubiese cometido el delito».

(2) Descripción de los hechos con la mayor exactitud posible y las demás circunstancias y pormenores de lo ocurrido.

(3) La LO 8/2021, de 4 junio, de protección integral a la infancia y la adolescencia frente a la violencia, con entrada en vigor el 25 de junio de 2021, modifica el apartado tercero del artículo 215 del Código Penal, cuya redacción queda de la siguiente manera:
«1. Nadie será penado por calumnia o injuria sino en virtud de querella de la persona ofendida por el delito o de su representante legal. Se procederá de oficio cuando la ofensa se dirija

contra funcionario público, autoridad o agente de la misma sobre hechos concernientes al ejercicio de sus cargos.

2. Nadie podrá deducir acción de calumnia o injuria vertidas en juicio sin previa licencia del Juez o Tribunal que de él conociere o hubiere conocido.

3. El perdón de la persona ofendida extingue la acción penal, sin perjuicio de lo dispuesto en el artículo 130.1.5.°, párrafo segundo de este Código».

(4) Tras la introducción del art. 258 bis en la LECrim, por Real Decreto-ley 6/2023, de 19 de diciembre, todas las actuaciones procesales se realizarán preferentemente mediante presencia telemática y se garantizará especialmente que las declaraciones o interrogatorios de las partes acusadoras, testigos o peritos se realicen de forma telemática en supuestos de víctimas de violencia de género, de violencia sexual, de trata de seres humanos o cuando sean víctimas menores de edad o con discapacidad y cuando el testigo o perito comparezca en su condición de Autoridad o funcionario público. Esta novedad ha entrado en vigor el 20 de marzo de 2024.

Querella por injurias o calumnias verbales a particulares

AL JUZGADO DE INSTRUCCIÓN DE [LOCALIDAD]

D./D.ª [NOMBRE_PROCURADOR_CLIENTE], procurador/a de los tribunales, en nombre y representación de D./D.ª [NOMBRE_CLIENTE], según acredito mediante poder especial que acompaño y en el que constan sus datos personales, ante el juzgado comparezco con la asistencia letrada de D./D.ª [NOMBRE_ABOGADO_CLIENTE] y como mejor proceda en derecho, **DIGO**:

Que mediante el presente escrito formulo **QUERELLA** en nombre de mi representado/a contra D./D.ª [NOMBRE_PARTE_CONTRARIA], mayor de edad, vecino/a de [LOCALIDAD] y DNI número [NIF_CIF_DNI_PARTE_CONTRARIA] por haber proferido [DESCRIPCIÓN] **(1)** contra el/la querellante D./D.ª [NOMBRE_CLIENTE] de forma oral **(2)**, según exigen los artículos 277 de la Ley de Enjuiciamiento Criminal y 215 del Código Penal hacemos constar los siguientes **(3)**,

HECHOS

PRIMERO.- El/La querellante D./D.ª [NOMBRE_CLIENTE] con domicilio en [DOMICILIO_CLIENTE] y DNI número [DNI].

SEGUNDO.- La querella se presenta contra D./D.ª [NOMBRE_PARTE_CONTRARIA], con domicilio en [DOMICILIO_PARTE_CONTRARIA] y DNI número [NIF_CIF_DNI_PARTE_CONTRARIA].

TERCERO.- La presente querella se interpone ante el Juzgado de Instrucción de [NOMBRE] que por turno corresponda, por haberse cometido los hechos que constituyen el objeto del presente proceso penal dentro del término municipal de [LUGAR] perteneciente a este partido judicial, por lo que resulta atribuida la competencia territorial a los juzgados de instrucción de este partido judicial, de conformidad con lo establecido en el artículo 14.2 de la Ley de Enjuiciamiento Criminal.

CUARTO.- Los hechos ocurrieron como se describe a continuación: [DESCRIPCIÓN] **(4)** y podrían ser calificados como delito de [DESCRIPCIÓN] regulado en [NUM_ARTICULO] **(5)** del Código Penal.

QUINTO.- Acompañamos acta de conciliación de fecha [FECHA] celebrada [DESCRIPCIÓN] **(6)** ante el Juzgado de Primera Instancia número [NÚMERO] de [DESCRIPCIÓN] como documento número [NÚMERO], cumpliendo lo establecido en los artículos 278 y 804 de la Ley de Enjuiciamiento Criminal.

SEXTO.- Testigos directos de estos hechos fueron D./D.ª [NOMBRE] con domicilio en [DOMICILIO] y D./D.ª [NOMBRE] con domicilio en [DOMICILIO].

SÉPTIMO.- Además, se interesa la práctica de las siguientes diligencias [DESCRIPCIÓN].

Por todo lo expuesto,

SUPLICO AL JUZGADO:

Que tenga por presentado este escrito con los documentos que acompaño y copia de todo ello, lo admita a trámite y acuerde tener por interpuesta **QUERELLA**, a fin de que se acuerde la incoación de las oportunas diligencias, se cite a los implicados y los testigos que proponemos a juicio verbal y, en su caso, se practiquen el resto de diligencias interesadas.

Por ser justicia en [LOCALIZACIÓN] a [FECHA]

Letrado/a D./D.ª [NOMBRE]

[NÚMERO_COLEGIA-DO ABOGADO_CLIENTE]

Procurador/a D./D.ª [NOMBRE]

[NÚMERO_COLEGIADO_PRO-CURADOR_CLIENTE]

---

(1) *Calumnias o injurias*. La LO 8/2021, de 4 junio, de protección integral a la infancia y la adolescencia frente a la violencia, con entrada en vigor el 25 de junio de 2021, modifica el apartado tercero del artículo 215 del Código Penal, que queda redactado del siguiente modo:

«1. Nadie será penado por calumnia o injuria sino en virtud de querella de la persona ofendida por el delito o de su representante legal. Se procederá de oficio cuando la ofensa se dirija contra funcionario público, autoridad o agente de la misma sobre hechos concernientes al ejercicio de sus cargos.

2. Nadie podrá deducir acción de calumnia o injuria vertidas en juicio sin previa licencia del Juez o Tribunal que de él conociere o hubiere conocido.

3. El perdón de la persona ofendida extingue la acción penal, sin perjuicio de lo dispuesto en el artículo 130.1.5.º, párrafo segundo de este Código».

(2) Artículo 808 de la LECrim: «(...) si se tratare de injurias o calumnias inferidas verbalmente, presentada la querella, el Juez instructor mandará convocar a juicio verbal al querellante, al querellado y a los testigos que puedan dar razón de los hechos, señalando el Secretario judicial día y hora para la celebración del juicio».

(3) Descripción de los hechos con la mayor exactitud posible y las demás circunstancias y pormenores de lo ocurrido.

(4) Deberán haber ocurrido en el plazo máximo de un año, ya que una vez transcurrido dicho plazo, habrán prescrito según el art. 131 del CP.

(5) Delito de calumnias artículos 205 a 207 del CP, delito de injurias artículos 208 a 210 del CP, y artículos 211 a 216 del CP aplicables a ambos delitos.

(6) Artículo 804 de la LECrim: «no se admitirá querella por injuria o calumnia inferidas a particulares si no se presenta certificación de haber celebrado el querellante acto de conciliación con el querellado, o de haberlo intentado sin efecto».

Demanda de conciliación previa a la interposición de querella por injurias y calumnias (art. 804 LECrim, en relación con arts. 139 y ss. LJV)

AL JUZGADO DE [ESPECIFICAR] **(1)**

D./D.ª [NOMBRE_CLIENTE], **(2)** mayor de edad, con domicilio en [DOMICILIO_CLIENTE] de [LOCALIDAD] con DNI número [NÚMERO], ante este juzgado comparezco y, como mejor proceda en Derecho, DIGO:

Mediante el presente escrito formulo **SOLICITUD DE CONCILIACIÓN**, contra D./D.ª [NOMBRE], mayor de edad, con domicilio en [CALLE], n.º [NÚMERO], CP [CÓDIGO_POSTAL], [LOCALIDAD], [PROVINCIA], todo ello siguiendo lo advertido en los artículos 804 de la LECrim y 139 y siguientes de la Ley 15/2015, de 2 de julio, de jurisdicción voluntaria, y con base en los siguientes

HECHOS

PRIMERO.- Ambas partes mantenían una relación de [DESCRIPCIÓN] **(3)**.

SEGUNDO.- En fecha [FECHA], la parte hoy conciliada, profirió diversas expresiones contra mi persona, como «[DESCRIPCIÓN]», siendo, además de inciertas y falaces, atentatorias a mi honor. Por lo expuesto, a esta parte interesa interponer una querella por injurias y calumnias contra la parte conciliada.

TERCERO.- A pesar de los numerosos intentos de mi mandante de solucionar extrajudicialmente la pretensión requerida, la parte conciliada ha hecho caso omiso a sus requerimientos.

CUARTO.- Visto lo anterior, y de conformidad con lo dispuesto en el precepto 804 de la LECrim, esta parte se ve en la obligación de promover acto de conciliación a los efectos de, bien evitar el posterior procedimiento (ello siempre y cuando la conciliada se avenga a [DESCRIPCIÓN]), bien obtener una certificación de haberlo intentado sin éxito o de haberlo celebrado infructuosamente, de cara al eventual ejercicio subsiguiente de la acción penal.

A los anteriores hechos, resultan de aplicación los siguientes

FUNDAMENTOS DE DERECHO

I.- JURISDICCIÓN Y COMPETENCIA

De aplicación los artículos 36 y concordantes de la LEC, siendo competente este tribunal de conformidad con lo establecido en los artículos 10 y 140 de la Ley 15/2015 de Jurisdicción Voluntaria (LJV).

II.- CAPACIDAD Y LEGITIMACIÓN

Ostento la capacidad procesal necesaria conforme a lo establecido en los artículos 6 y siguientes de la Ley de Enjuiciamiento Civil, y me encuentra legitimado de conformidad con lo reflejado en el artículo 141 de la Ley de Jurisdicción Voluntaria (LJV), además de lo preceptuado en la LECrim, con relación a los delitos de injurias y calumnias, en su artículo 804.

III.- REPRESENTACIÓN

No es necesaria la intervención de abogado y procurador para la promoción de estos expedientes, de conformidad con lo estipulado en el artículo 141 apartado 3 de la LJV.

IV.- PROCEDIMIENTO

Conforme a los artículos 13 y siguientes de la LJV, con las especialidades señaladas en los artículos 139 a 148 de la misma norma.

Concretamente el propio artículo 141 en su apartado 1 señala que:

> «El que intente la conciliación presentará ante el órgano competente solicitud por escrito en la que se consignarán los datos y circunstancias de identificación del solicitante y del requerido o requeridos de conciliación, el domicilio o los domicilios en que pueden ser citados, el objeto de la conciliación que se pretenda y la fecha, determinando con claridad y precisión cuál es el objeto de la avenencia.
>
> El solicitante podrá igualmente formular su solicitud de conciliación cumplimentando unos impresos normalizados que, a tal efecto, se hallarán a su disposición en el órgano correspondiente».

V.- FONDO DEL ASUNTO

1. Norma aplicable

Como se ha indicado, procede la presente de conformidad con lo dispuesto en los artículos 139 a 148 de la LJV, de conformidad con el artículo 804 de la LECrim.

Téngase en consideración que la demanda de conciliación es una «conditio sine qua non» para que se admita ya inicialmente la querella por injurias y/o calumnias.

Según el **artículo 804 de la LECrim**: «No se admitirá querella por injuria o calumnia inferidas a particulares si no se presenta certificación de haber celebrado el querellante acto de conciliación con el querellado, o de haberlo intentado sin efecto».

2. Jurisprudencia y doctrina

Traer a colación jurisprudencia concurrente con la presente demanda, así la **sentencia de la Audiencia Provincial de Madrid, n.º 274/2017, de 27 de abril, ECLI:ES:APM:2017:5911**:

> «En el supuesto examinado basta decir para desestimar el recurso que el escrito de ampliación de querella no debió ser admitido por el Juzgado de Instrucción al faltar un **requisito de perseguibilidad, cual es el preceptivo acto de conciliación** que establece el artículo 804 de la Ley de Enjuiciamiento Criminal en los delitos de calumnias entre particulares como aquí ocurre. El precepto exige que a la querella se acompañe **certificación de haber celebrado acto de conciliación el querellante con el querellado, o de haberse intentado sin efecto**, régimen extensivo a la formulación de la querella frente a nuevos querellantes. No debe obviarse que el requisito de procedibilidad señalado debe ser objeto de una interpretación teleológica en el sentido que su finalidad no se restringe sólo a la delimitación del objeto del ulterior proceso, sino conseguir o facilitar un acuerdo entre las partes implicadas».

O **sentencia de la Audiencia Provincial de Sevilla, n.º 251/2018, de 11 de mayo, ECLI:ES:APSE:2018:1119**, cuyo tenor literal es el siguiente:

> «(...) En este sentido se refiere la Sentencia 282/2016, de 29 de diciembre, dictada por la AP de Melilla, Sección 7ª al indicar que '(...) como ya se dijera en

el auto de este Tribunal de 23 de abril de 2013 y posteriormente en la sentencia de 30 de junio de 2016 (...) el acto de conciliación en los delitos de injurias y calumnias contra particulares cometidas con publicidad constituye un requisito de procedibilidad. Criterio expresado en el acuerdo de 29 de junio de 2008 de la Junta de Magistrados de las Secciones Penales de la Audiencia Provincial de Madrid de 29 de junio de 2008, (...)».

VI.- *IURA NOVIT CURIA*

En todo lo no invocado resulta de aplicación el principio *iura novit curia*, plasmado en el párrafo segundo del punto primero del artículo 218 de la LEC, en virtud del cual serán aplicables las demás normas que sean de pertinente, especial o general aplicación, y que el juzgador podrá tener en cuenta de oficio sin necesidad de que hayan sido previamente alegados o invocados por alguna de las partes intervinientes.

Por todo lo expuesto,

SUPLICO AL JUZGADO:

Que tenga por presentado este escrito, con sus copias y documentos que lo acompañan, se sirva admitirlo y en su virtud, proceda a señalar día y hora para la celebración del **ACTO DE CONCILIACIÓN**, citando a todas las partes a la misma, en la que la conciliada se avenga a reconocer y reconozca [DESCRIPCIÓN] efectuando dicha avenencia públicamente [ESPECIFICAR], con todo lo demás que sea procedente en derecho.

Por ser justicia en [LOCALIDAD], a [DÍA] de [MES] de [AÑO].

Fdo. [NOMBRE]

OTROSÍ DIGO: siendo intención de esta parte cumplir con todos los requisitos legales, a tenor de lo previsto en el artículo 231 de la LEC, se solicita se le diere traslado de cualquier defecto que adoleciere la presente demanda, para la inmediata subsanación de la misma.

En su virtud,

SUPLICO AL JUZGADO:

Que tenga por efectuada la anterior manifestación a los efectos oportunos.

Por ser justicia, fecha y lugar *ut supra*.

Fdo. [NOMBRE]

---

(1) Artículo 140 de la LJV: «1. Será competente para conocer de los actos de conciliación el Juez de Paz o el Letrado de la Administración de Justicia del Juzgado de Primera Instancia o del Juzgado de lo Mercantil, cuando se trate de materias de su competencia, del domicilio del requerido. Si no lo tuviera en territorio nacional, el de su última residencia en España. No obstante lo anterior, si la cuantía de la petición fuera inferior a 6.000 euros y no se tratara de cuestiones atribuidas a los Juzgados de lo Mercantil la competencia corresponderá, en su caso a los Jueces de Paz.

Si el requerido fuere persona jurídica, será asimismo competente el del lugar del domicilio del solicitante, siempre que en dicho lugar tenga el requerido delegación, sucursal, establecimiento u oficina abierta al público o representante autorizado para actuar en nombre de la entidad, debiendo acreditar dicha circunstancia.

Si tras la realización de las correspondientes averiguaciones sobre el domicilio o residencia, éstas fueran infructuosas o el requerido de conciliación fuera localizado en otro partido judicial, el Secretario judicial dictará decreto o el Juez de Paz auto dando por terminado el expediente, haciendo constar tal circunstancia y reservando al solicitante de la conciliación el derecho a promover de nuevo el expediente ante el Juzgado competente.

2. Si se suscitaren cuestiones de competencia del Juzgado o de recusación del Secretario judicial o Juez de Paz ante quien se celebre el acto de conciliación, se tendrá por intentada la comparecencia sin más trámites».

(2) Para promover este procedimiento no es preceptiva la intervención de abogado ni procurador (artículo 141 de la LJV).

(3) Exponer la situación/relación entre las partes tras la que se procede a la conciliación en aras de evitar el procedimiento judicial y adjuntar prueba si la hubiese.

Solicitud de autorización judicial de consentimiento a las intromisiones en el derecho al honor, intimidad y a la propia imagen de un menor o persona con discapacidad con medidas de apoyo

AL JUZGADO DE PRIMERA INSTANCIA DE [LOCALIDAD] **(1)**

D./D.ª [NOMBRE], con DNI/NIE/NIF núm. [NÚMERO] y domicilio en C/ [CALLE], n.º [NÚMERO], CP [CÓDIGO_POSTAL], [LOCALIDAD], [PROVINCIA] en nombre y representación de **D./D.ª** [NOMBRE], según acredito por medio de resolución judicial de [DESCRIPCIÓN] dictada en el procedimiento [DESCRIPCIÓN] [NÚMERO_AÑO], dictada por el Juzgado de Primera Instancia [NÚMERO] de [LOCALIDAD], copia de la cual acompaño como **documento n.º** [NÚMERO], ante el juzgado comparezco y, como mejor proceda en derecho, **DIGO**:

En la representación que ostento interpongo **SOLICITUD DE AUTORIZACIÓN JUDICIAL DE CONSENTIMIENTO A INTROMISIÓN EN EL HONOR/INTIMIDAD/PROPIA IMAGEN** de mi representado/a, ante la oposición por parte del Ministerio Fiscal, y todo ello con base en los siguientes,

HECHOS

PRIMERO.- En fecha [DÍA_MES_AÑO] se puso en conocimiento del Ministerio Fiscal mi intención, como representante legal de D./D.ª [NOMBRE], de proceder a la publicación de fotografías del mismo en la revista médica [DESCRIPCIÓN], toda vez que por parte del Dr. [NOMBRE] se interesa la redacción y publicación de un artículo médico, relacionado con la enfermedad que padece mi representado, siendo necesario el aporte visual para ello.

(Adjuntamos como documento n.º [NÚMERO] el proyecto de consentimiento, así como documento n.º [NÚMERO] la notificación de la oposición del Ministerio Fiscal).

SEGUNDO.- Entendemos que con dichos hechos no se vulneraría derecho alguno de mi representado/a en tanto en cuanto [DESCRIPCIÓN], puesto que, como se observa en el proyecto adjunto, la finalidad, en primer lugar, es médico-científica y, en segundo lugar, no se produciría menoscabo alguno al honor, intimidad o propia imagen de mi representado/a, máxime cuando la propia publicación, serviría para llegar a más especialistas y/o estudiosos en la materia, que podrían compartir datos, ideas, resultados y demás, en aras de producir avances en el estudio y tratamiento de la misma.

Por tanto, procedemos a la solicitud de la autorización judicial ante la oposición suscitada por el Ministerio Fiscal.

A los anteriores hechos les son de aplicación los siguientes,

FUNDAMENTOS DE DERECHO

I.- JURISDICCIÓN Y COMPETENCIA

Es competente el juzgado al que me dirijo conforme al artículo 59.2 de la Ley de la Jurisdicción Voluntaria **(1)**.

II.- CAPACIDAD Y LEGITIMACIÓN

La legitimación le corresponde al representante legal del menor o persona con discapacidad con medidas de apoyo para el ejercicio de su capacidad jurídica, sin que sea preceptiva la intervención de abogado ni procurador, conforme se establece en el apartado 3 del artículo 59 de la LJV.

III.- PROCEDIMIENTO

El procedimiento a seguir es el establecido en los artículos 59 y 60 de la LJV.

IV.- FONDO DEL ASUNTO

La Ley Orgánica 1/1982, de 5 de mayo, de protección civil del derecho al honor, a la intimidad personal y familiar y a la propia imagen, concretamente en sus artículos 2.2 y 3, reflejando este último que:

> «Uno. El consentimiento de los menores e incapaces deberá prestarse por ellos mismos si sus condiciones de madurez lo permiten, de acuerdo con la legislación civil.
>
> Dos. En los restantes casos, el consentimiento habrá de otorgarse mediante escrito por su representante legal, quien estará obligado a poner en conocimiento previo del Ministerio Fiscal el consentimiento proyectado. Si en el plazo de ocho días el Ministerio Fiscal se opusiere, resolverá el Juez».

La Ley 1/1996, de 15 de enero, de protección jurídica del menor, que en su artículo 4 establece:

> «1. Los menores tienen derecho al honor, a la intimidad personal y familiar y a la propia imagen. Este derecho comprende también la inviolabilidad del domicilio familiar y de la correspondencia, así como del secreto de las comunicaciones.
>
> 2. La difusión de información o la utilización de imágenes o nombre de los menores en los medios de comunicación que puedan implicar una intromisión ilegítima en su intimidad, honra o reputación, o que sea contraria a sus intereses, determinará la intervención del Ministerio Fiscal, que instará de inmediato las medidas cautelares y de protección previstas en la Ley y solicitará las indemnizaciones que correspondan por los perjuicios causados.
>
> 3. Se considera intromisión ilegítima en el derecho al honor, a la intimidad personal y familiar y a la propia imagen del menor, cualquier utilización de su imagen o su nombre en los medios de comunicación que pueda implicar menoscabo de su honra o reputación, o que sea contraria a sus intereses incluso si consta el consentimiento del menor o de sus representantes legales.
>
> 4. Sin perjuicio de las acciones de las que sean titulares los representantes legales del menor, corresponde en todo caso al Ministerio Fiscal su ejercicio, que podrá actuar de oficio o a instancia del propio menor o de cualquier persona interesada, física, jurídica o entidad pública.
>
> 5. Los padres o tutores y los poderes públicos respetarán estos derechos y los protegerán frente a posibles ataques de terceros».

El propio artículo octavo en su apartado uno de la Ley 1/1982, de 5 de mayo, indica que «No se reputará, con carácter general, intromisiones ilegítimas las actuaciones autorizadas o acordadas por la Autoridad competente de acuerdo con la ley, ni cuando predomine un interés histórico, científico o cultural relevante».

Bien es cierto que jurisprudencialmente se viene mentando, tal y como se establece en la **STS, n.º 311/2013, de 8 de mayo, ECLI:ES:TS:2013:3351**, que:

> «(...) La Carta Europea de derechos del niño de 21 de septiembre de 1992 reconoce que todo niño tiene derecho a ser protegido contra la utilización de su

imagen de forma lesiva para su dignidad. Y también el punto 8.29 de la Carta Europea A3-0172/92 de 8 de julio de 1992 declara que todo niño tiene derecho a no ser objeto por parte de un tercero de intrusiones injustificadas en su vida privada, en la de su familia, ni a sufrir atentados ilegales contra su honor y el punto 8.43 otorga protección frente a utilizaciones lesivas de la imagen del menor.

(...)

Esta especial protección legislativa ha sido reconocida en la jurisprudencia constitucional y de esta Sala. Así, la STC 158/2009, de 29 de junio, establece que en "la captación y difusión de fotografías de niños en medios de comunicación social, es preciso tener en cuenta [...] que el ordenamiento jurídico establece en estos supuestos una protección especial, en aras a proteger el interés superior del menor". También ha señalado que "ni existe un interés público en la captación o difusión de la fotografía que pueda considerarse constitucionalmente prevalente al interés superior de preservar la captación o difusión de las imágenes de los menores en los medios de comunicación, ni la veracidad de la información puede justificar esa intromisión ilegítima en el derecho a la propia imagen de los menores, pues este derecho fundamental del menor 'viene a erigirse, por mor de lo dispuesto en el art. 20.4 CE, en límite infranqueable al ejercicio del derecho a comunicar libremente información vera'" (SSTC 134/1999, de 24 de mayo; y 127/2003, de 30 de junio)».

Cabe citar también la **sentencia de la AP de Madrid, n.º 198/2017, de 3 de mayo, ECLI:ES:APM:2017:8130**, en la que se vuelve a reiterar la doctrina del Tribunal Constitucional:

«(...) Así mismo menciona la doctrina del Tribunal Constitucional, en concreto la Sentencia 158/2009, de 29 de junio, que establece que en "la captación y difusión de fotografías de niños en medios de comunicación social, es preciso tener en cuenta (...) que el ordenamiento jurídico establece en estos supuestos una protección especial, en aras a proteger el interés superior del menor". Y añade que no "existe un interés público en la captación o difusión de la fotografía que pueda considerarse constitucionalmente prevalente al interés superior de preservar la captación o difusión de las imágenes de los menores en los medios de comunicación (...)". El derecho a la propia imagen, añade la sentencia comentada, "garantiza un ámbito privativo de la propia personalidad ajeno a injerencias externas, impidiendo la obtención, reproducción o publicación por un tercero de una imagen que contenga los rasgos físicos que permita reconocer su identidad" (SSTS de 8 de mayo 2013 y de 30 de junio de 2015).

(...)

"Haciendo nuestros los argumentos de la Sala Primera, La imagen, como el honor y la intimidad, constituye hoy un derecho fundamental de la persona consagrado en el artículo 18.1 de la Constitución, que pertenece a los derechos de la personalidad, con todas las características de estos derechos y que se concreta en la facultad exclusiva del titular de difundir o publicar su propia imagen pudiendo en consecuencia evitar o impedir la reproducción y difusión, con independencia de cuál sea la finalidad de esta difusión y que en el caso de menores tiene como presupuesto el hecho de que siempre que no medie el consentimiento de los padres o representantes legales de los menores con la ausencia del Ministerio Fiscal, la difusión de cualquier imagen de éstos ha de ser reputada contraria al ordenamiento jurídico (SSTS de 19 de noviembre de 2008; 17 de diciembre 2013; 27 de enero 2014, entre otras). Es en definitiva, es la propia norma la que objetiva el interés del menor y la que determina la consecuencia de su desatención" (...)».

Pero entendemos que en el caso que nos ocupa, además de estar indicado en el artículo 8.1 de la Ley 1/1982, de 5 de mayo **sería más perjudicial para el menor no efectuar la publicación, a proceder a la misma**.

V.- PRINCIPIO *IURA NOVIT CURIA*

En todo lo no invocado, resulta de aplicación el principio *iura novit curia*, plasmado en el párrafo segundo del punto primero del artículo 218 de la Ley de Enjuiciamiento Civil, en virtud del cual serán aplicables las demás normas que sean de pertinente, especial o general aplicación, y que el juzgador podrá tener en cuenta de oficio sin necesidad de que hayan sido previamente alegados o invocados por alguna de las partes intervinientes.

Por todo lo expuesto,

SUPLICO AL JUZGADO:

Que tenga por presentado este escrito con sus copias y documentación adjunta, se sirva admitirlo, le dé la tramitación oportuna, y una vez se efectúe la preceptiva comparecencia, dicte resolución por la que se me **AUTORICE A CONSENTIR** [DESCRIPCIÓN] en cuanto intromisión legítima en el derecho al honor, intimidad y propia imagen de mi representado [NOMBRE].

Por ser justicia que pido en [LOCALIDAD] a [DÍA_MES_AÑO].

Fdo. Representante legal

PRIMER OTROSÍ DIGO: siendo intención de esta parte cumplir con todos los requisitos legales, a tenor de lo previsto en el artículo 231 de la Ley de Enjuiciamiento Civil, se solicita se le diere traslado de cualquier defecto que adoleciere la presente demanda, para la inmediata subsanación de la misma.

SUPLICO AL JUZGADO:

Que tenga por efectuada la anterior manifestación a los efectos oportunos.

Por ser justicia que pido, fecha y lugar *ut supra*.

Fdo. Representante legal

---

(1) El art. 59.2 de la LJV establece que será competente para el conocimiento de este expediente el juzgado de primera instancia del domicilio o, en su defecto, de la residencia del menor o persona con discapacidad con medidas de apoyo para el ejercicio de su capacidad jurídica.

Escrito de revocación de cesión de derechos de imagen

En [LOCALIDAD], a [DÍA] de [MES] de [AÑO].

[NOMBRE_CLIENTE]

D./D.ª [NOMBRE_PARTE_CONTRARIA]

Muy Señores Míos:

1) Por la presente, procedo a ejercitar el derecho de revocación de la cesión de derechos de imagen de mi persona a su empresa, cesión otorgada mediante contrato de fecha [FECHA], copia del cual les adjunto como **documento número** [NÚMERO].

2) El meritado contrato de cesión de derechos tenía una duración de un año, tal y como se hizo constar en su cláusula [NÚMERO], prorrogable por el mismo periodo «si ninguna de las partes lo denuncia con una antelación mínima de (30 días) a la fecha del vencimiento inicial o de cualquiera de las prórrogas» (cláusula [NÚMERO]), por lo que, dentro del plazo estipulado contractualmente procedo a revocar el mismo, siendo efectivo desde el día siguiente al vencimiento contractual, concretamente el [FECHA].

3) Tal y como expone el artículo segundo de la Ley Orgánica 1/1982, de 5 de mayo, de protección civil del derecho al honor, a la intimidad personal y familiar y a la propia imagen, en su inciso tercero: «El consentimiento a que se refiere el párrafo anterior será revocable en cualquier momento, pero habrán de indemnizarse en su caso, los daños y perjuicios causados, incluyendo en ellos las expectativas justificadas».

Indemnización que entendemos no se produce, toda vez que la **STS n.º 226/2016, de 21 de abril, ECLI:ES:TS:2016:1779,** señala que:

> «La facultad legal de revocar el consentimiento 'en cualquier momento' excluye necesariamente no solo la perpetuidad sino incluso la sujeción al plazo pactado, por más que en este último supuesto pueda proceder una indemnización a favor de la otra parte contratante; (...) **revocación de su consentimiento por ella misma, que al haberse ajustado a lo expresamente pactado en el contrato celebrado con xxx no podía generar a favor de esta ningún derecho a ser indemnizada** ni tampoco quedar supeditada, como parece alegar xxx cuando se opone al recurso, a una previa indemnización de daños y perjuicios ni aun cuando la facultad de revocación se hubiera ejercitado antes de lo previsto contractualmente, porque, como establece la Ley Orgánica 1/1982 y declara el Tribunal Constitucional, el consentimiento 'será revocable en cualquier momento' aunque, en su caso pero no como condición previa, hayan de indemnizarse los daños y perjuicios causados».

4) La presente revocación debe ampliarse **tanto a su empresa como a todas aquellas a las que hubieran adquirido,** por medio de la misma a los derechos en su día cedidos. Así la **Audiencia Provincial de Madrid en la sentencia n.º 70/2016, de 21 de febrero, ECLI:ES:APM:2016:2283,** dispone que:

> «(...) la autorización para la explotación comercial también puede ser revocada 'porque el derecho de la personalidad prevalece sobre otros que la cesión

contractual haya creado'. **La posibilidad de revocación, que debe tener en cuenta ciertos condicionantes, se extiende incluso frente a todos cuantos de forma derivada hubieran podido ir adquiriendo los derechos».**

5) En el caso de que continuasen explotando o utilizando mi imagen, me vería obligado a instar la tutela judicial de mis derechos.

Sin otro particular, reciban un cordial saludo.

En [LOCALIDAD] a [FECHA].

Fdo. [NOMBRE]

Demanda de juicio ordinario por daños al honor en artículo de prensa

AL JUZGADO DE PRIMERA INSTANCIA DE [LOCALIDAD]

D./D.ª [NOMBRE_PROCURADOR/A], procurador/a de los tribunales, colegiado/a núm. [NÚMERO_COLEGIADO_PROCURADOR_CLIENTE] en nombre y representación de **D./D.ª** [NOMBRE], mayor de edad, con DNI/NIE/NIF núm. [NÚMERO] y domicilio en C/ [CALLE], N.º [NÚMERO], CP [CÓDIGO_POSTAL], [LOCALIDAD], [PROVINCIA] según consta acreditado por medio de [escritura de poder que se acompaña como Documento N.º 1/ poder APUD ACTA], bajo la dirección letrada de D./D.ª [NOMBRE], colegiado/a número [NÚMERO] ICA [LOCALIDAD], ante el Juzgado comparezco y, como mejor proceda en derecho, **DIGO**:

Que en la representación que ostento interpongo **DEMANDA DE PROCEDIMIEN-TO ORDINARIO** contra **don/doña** [NOMBRE_PARTE_CONTRARIA], con domicilio [DOMICILIO_PARTE_CONTRARIA] y DNI n.º [NIF_CIF_DNI_PARTE_CONTRARIA] y todo ello con base en los siguientes

HECHOS

PRIMERO.- Mi representado/a, ha sufrido un daño contra su derecho al honor, por las acusaciones públicas vertidas por la parte demandada en un medio de comunicación público, el periódico [NOMBRE], el [DÍA] de [MES] de [AÑO], en el artículo periodístico [DESCRIPCIÓN]. Prueba Documental N.º [NÚMERO].

SEGUNDO.- Las acusaciones de [ESPECIFICAR_PERJUICIO] dirigidas a mi representado/a son completamente falsas, ya que no existen medios para demostrar que haya sido así. Prueba Documental N.º [NÚMERO].

TERCERO.- Mi representado/a se dedica a la [PROFESIÓN], por lo que dichas acusaciones afectan gravemente a su imagen, perjudicándole tanto en el ámbito laboral como familiar.

CUARTO.- Por todo ello, se reclama a la parte demandada la cantidad total de [CANTIDAD_EN_LETRA] euros ([CANTIDAD] €) en concepto de indemnización por los daños causados a mi poderdante.

A los anteriores hechos son de aplicación los siguientes

FUNDAMENTOS DE DERECHO

I.- JURISDICCIÓN Y COMPETENCIA

Es competente el Juzgado al que me dirijo conforme al artículo 52.1.6.º de la Ley de Enjuiciamiento Civil.

II.- CAPACIDAD

Las partes tienen la capacidad suficiente conforme al artículo 6 y siguientes de la Ley de Enjuiciamiento Civil.

III.- LEGITIMACIÓN

La legitimación activa corresponde a mi representado tal y como establecen el artículo 10 de la Ley de Enjuiciamiento Civil y la pasiva le corresponde a la parte demandada.

IV.- PROCEDIMIENTO

Es procedente para esta materia el proceso civil ordinario, en virtud de lo previsto por el inciso 2.º del apartado 1 del artículo 249 de la Ley de Enjuiciamiento Civil. Siendo parte, tal y como reza el mentado artículo, el Ministerio Fiscal.

V.- FONDO DEL ASUNTO

El artículo 1902 del Código Civil establece que: «El que por acción u omisión causa daño a otro, interviniendo culpa o negligencia, está obligado a reparar el daño causado».

De aplicación lo dispuesto en **Ley Orgánica 1/1982, de 5 de mayo,** de protección civil del derecho al honor, a la intimidad personal y familiar y a la propia imagen, norma en la que en su artículo 1, concretamente en el apartado dos, establece que serán aplicables los criterios de esta Ley para la determinación de la responsabilidad civil derivada de delito.

La propia norma expuesta indica en su artículo 7 qué acciones tendrán consideración de intromisiones ilegítimas en el ámbito de la protección del honor, intimidad y propia imagen.

Y en su artículo 9.2 establece el ámbito de las medidas a adoptar y en sus apartados 3 y 4 la presunción del perjuicio, así como la indemnización del mismo.

La contraparte ha realizado actos que conllevan una ofensa al honor de mi representado/a, ya que, se han hecho acusaciones graves sobre su persona, que le afectan además gravemente por dedicarse ésta a [PROFESIÓN]. El derecho al honor es un derecho fundamental de todos los ciudadanos que está previsto en el artículo 18 de la Constitución, por lo que debe ser protegido. Cualquier persona que lleve a cabo un acto contrario al derecho al honor de los ciudadanos debe ser condenada, y por ello el/la demandado/a deberá ser obligado a indemnizar el daño provocado a mi poderdante.

El Tribunal Constitucional, en la **STC, n.º 20/1992, de 14 de febrero, ECLI:ES:TC:1992:20,** razonó que:

> «Tratándose de la intimidad, la veracidad no es paliativo, sino presupuesto, en todo caso, de la lesión», pero también lo es que la propia sentencia, más adelante, añadió lo siguiente: "en modo alguno puede exigirse a nadie que soporte pasivamente la difusión periodística de datos, reales o supuestos, de su vida privada que afecten a su reputación». De ahí que esta Sala haya declarado reiteradamente que la divulgación de hechos no veraces relativos a la vida privada de las personas no solo puede vulnerar su derecho a la intimidad sino, incluso, ser más grave que la divulgación de hechos veraces (**SSTS 12 de septiembre de 2011, recurso n.º 941/2007, 10 de julio de 2014, recurso n.º 106/2012, 28 de julio de 2014, recurso n.º 428/2012, 17 de septiembre de 2014, recurso n.º 3371/2012, y 27 de noviembre de 2014, recurso n.º 3103/2012**), y de ahí, también, que el propio Tribunal Constitucional, en su STC 190/2013, tras reiterar lo precisado por la STC 20/1992 acerca de los datos "reales o supuestos", haya puntualizado que "el derecho a la intimidad puede verse afectado, no solamente por la afirmación concreta y veraz sobre la intimidad del padre del recurrente, sino también por meras especulaciones o rumores sobre su filiación».

VI.- *IURA NOVIT CURIA*

En todo lo no invocado resulta de aplicación el principio *iura novit curia*, plasmado en el párrafo segundo del punto primero del artículo 218 de la Ley de Enjuiciamiento Civil, en virtud del cual serán aplicables las demás normas que sean de pertinente, especial o general aplicación, y que el juzgador podrá tener en cuenta de oficio sin necesidad de que hayan sido previamente alegados o invocados por alguna de las partes intervinientes.

VII.- COSTAS

Se solicita la condena a costas del demandado, tal y como establece el artículo 394 y 395 de la Ley de Enjuiciamiento Civil.

Por todo lo expuesto,

SUPLICO AL JUZGADO:

Tenga por presentado este escrito con sus copias y documentación adjunta, se sirva admitirlo, le dé la tramitación oportuna, incluido el traslado tanto a la parte demandada como al Ministerio Fiscal y tenga por interpuesta **DEMANDA DE JUICIO ORDINARIO** de reclamación **(1)** por los daños causados al honor y después de cumplidos los trámites, se dicte **SENTENCIA** en la que:

1.- Se declare la existencia de intromisión ilegítima del demandado en el derecho al honor de la actora

2.- condene al demandado al cese de dicha información ilegítima y se abstenga en delante de manifestar por cualquier medio expresiones difamatorias que menoscaben su dignidad y honor

3.- condene al demandado a indemnizar a la actora en [CANTIDAD] euros por los daños y perjuicios ocasionados

4.- que sea publicada a costa del demandado la sentencia que se dicte en el presente procedimiento en los siguientes medios y en la forma que el juzgado determine **(2)**:

Todo ello con imposición en costas a la parte demandada.

Por ser justicia que pido en [LOCALIDAD], [FECHA]

Fdo.: D./D.ª [NOMBRE_ABOGADO_
CLIENTE]

Fdo.: D./D.ª [NOMBRE_PROCURA-
DOR_CLIENTE]

Col. n.º [NÚMERO_COLEGIADO_
ABOGADO_CLIENTE]

Col. n.º [NÚMERO_COLEGIADO_
PROCURADOR_CLIENTE]

PRIMER OTROSÍ DIGO: siendo intención de esta parte cumplir con todos los requisitos legales, a tenor de lo previsto en el artículo 231 de la Ley de Enjuiciamiento Civil, se solicita se le diere traslado de cualquier defecto que adoleciere la presente demanda, para la inmediata subsanación de la misma.

En su virtud,

SUPLICO AL JUZGADO:

Tenga por efectuada la anterior manifestación a los efectos oportunos.

Por ser justicia, fecha y lugar *ut supra*

Fdo.: D./D.ª [NOMBRE_
ABOGADO_CLIENTE]

Fdo.: D./D.ª [NOMBRE_
PROCURADOR_CLIENTE]

Col. n.º [NÚMERO_COLEGIADO_
ABOGADO_CLIENTE]

Col. n.º [NÚMERO_COLEGIADO_
PROCURADOR_CLIENTE]

---

(1) En caso de acudir a la vía penal para la protección del honor, la Ley de Enjuiciamiento Criminal, en sus artículos 804 y siguientes, establece que, si no se presenta certificación de haber celebrado acto de conciliación entre querellante y querellado, no se admitirá la querella.

En caso de que la querella fuere por injurias o calumnias vertidas en juicio, será necesario además acreditar la autorización del juez o Tribunal ante quien hubiesen sido interferidas.

(2) Exponer medios en los que se solicite se publique la sentencia.